COB.
секретно

В серии

СОВ.
секретно

готовятся к изданию:

Ю. Кузнец
«ТЕГЕРАН-43»

А. Широкорад
«РУССКИЙ БОГ ВОЙНЫ»

В. Чиков
«ИУДА ИЗ АКВАРИУМА»

Виктор Бочкарев

60 ЛЕТ В ГРУ

СОВ.
секретно

Москва
«Яуза»
«ЭКСМО»
2004

ББК 67.401.212
Б 86

Оформление художника *С. Силина*

Бочкарев В. В.

Б 86   60 лет в ГРУ. — М.: Яуза, Изд-во Эксмо, 2004. — 320 с. илл.

ISBN 5-8153-0174-4

Полковник В. В. Бочкарев более 33 лет посвятил службе в военной разведке. Участник Великой Отечественной войны, он выполнял задания командования в период битвы под Москвой, а также на территории Украины, Белоруссии, Югославии, Польши и Германии. После окончания войны находился на оперативной работе в центральном аппарате, а также был в трех длительных и ряде краткосрочных зарубежных командировок.

Уволившись с военной службы, в течение почти тридцати лет участвовал в руководящей общественной работе в ветеранской организации военной разведки.

ББК 67.401.212

ISBN 5-8153-0174-4

К читателям

Данную книгу посвящаю моей боевой подруге времен войны и многолетней спутнице жизни Юлии Викторовне Бочкаревой и нашим детям.

Позади продолжительный период работы над книгой: передо мной лежат более 300 написанных страниц. Мой труд облегчили два важных обстоятельства: во-первых, в течение прошлых лет я вел дневниковые записи (это касается, прежде всего, описания военного времени, особенно главы «Наш путь лежал к Берлину»), и, во-вторых, появился опыт написания книги (в соавторстве с А.Колпакиди) о нашей замечательной разведчице Рут Вернер, которая издана под заголовком «Суперфрау из ГРУ».

Материал, изложенный в новой книге, охватывает период более 60 лет моей жизни, из которых 34 года я был на военной службе (освещаются события довоенного, военного и послевоенного периодов), а затем почти 30 лет вел активную общественную работу в Совете ветеранов военной разведки.

Моя разведывательная деятельность сложилась удачно, к тому же она была многоплановой. Первый опыт приобретался до войны, в разведотделе штаба военного округа, а также на пограничных разведпунктах. Во время Великой Отечественной войны — это разнообразная работа в

Центре и в составе фронтовых оперативных групп ГРУ. И, наконец, дальнейший опыт работы в Центре и зарубежных странах Запада и Востока, в том числе выполнение стратегических заданий командования.

В первой главе кратко излагаются моменты становления личности и характера, описываются наиболее яркие эпизоды, в которых раскрывался характер и проявлялись качества, которые впоследствии пригодились в работе разведчика. Это и спортивные увлечения, и изучение нескольких иностранных языков, и журналистская деятельность в период испанских событий.

Путь и первые шаги в разведке в преддверии войны раскрываются во второй главе. С одной стороны, имелись необходимые знания и умения, а с другой — его величество «случай». Цепочка встреч, которые могли бы закончиться ничем, если бы ничего не было за душой и за плечами. В результате — определился весь дальнейший жизненный путь.

Опыт оперативной разведработы на германском направлении во время Великой Отечественной войны излагается в третьей главе. Кульминационные моменты — это оборона Москвы.

В свете празднования предстоящих юбилеев, связанных с 60-летием Победы нашего народа в Великой Отечественной войне и 60-летия завершающей Берлинской операции, определенный исторический интерес представляют третья и особенно четвертая глава, в которой освещена деятельность специальной опергруппы ГРУ, прикомандированной к Разведотделу штаба 3-й гвардейской танковой армии.

Если анализировать оперативную работу в Берлине и Вене, как в период их оккупации союзническими войсками, так и после получения ими независимости, то становится совершенно ясно, что эти города были очень удобными плацдармами для действия там разведывательных служб, в том числе и нашей, включая работу на «третьи страны» (относительно других стран, представляющих интерес для разведки). Все это и определяло характер нашей деятельности в этих странах. Соответственно, в пятой и шестой главах излагается опыт этой работы.

В определенной степени таким удобным городом была и столица Кипра — Никосия. В восьмой главе речь идет речь об оказании нашей военной разведкой необходимой помощи президенту Кипра, архиепископу Макариосу, и его правительству в организации противодействия террористическим акциям со стороны греческих «черных полковников».

В седьмой главе рассматриваются отдельные моменты маршрутной разведработы в целях расширения оперативной деятельности в странах Юго-Восточной Азии в условиях, когда в разгаре была Вьетнамская война, случались военные конфликты в Лаосе и Камбодже, была напряженная ситуация вокруг КНДР.

Каждая глава для меня очень дорога, так как в ней описывается жизнь и деятельность в разведке подчас в сложных и опасных условиях.

7

При освещении оперативной работы в различных странах я посчитал целесообразным остановиться на отдельных моментах их географии и истории, имевшей место в тот или иной период военно-политической обстановке, рассказать немного о нравах и обычаях населения, осветить и некоторые другие вопросы. Ведь разведработа предполагает если не «погружение» в жизнь страны пребывания, то уж, во всяком случае, хорошее знание окружающей обстановки. При этом следует иметь в виду, что излагаемый материал относится по времени в основном к 30—70-м годам уже прошедшего, XX века.

Выполняя представительскую и переводческую работу, мне пришлось находиться в период войны и после нее в подчинении и общаться с такими нашими выдающимися военачальниками, как маршалы Советского Союза Р. Я. Малиновский, В. И. Чуйков, И. С. Конев, К. С. Москаленко, С. С. Бирюзов, М. В. Захаров, генерал армии А. И. Антонов. Что касается наших и иностранных государственных деятелей, то следует отметить Микояна А.И., архиепископа Макариоса, Федерального канцлера Австрии Юлиуса Рааба, бывшего генсека ООН Курта Вальдхайма и других. От подавляющего числа многочисленных встреч и бесед остались самые добрые и теплые воспоминания.

Завершая свои воспоминания об оперативной работе, я счел нужным в предпоследней, девятой, главе кратко остановиться на работе ветеранской организации военной разведки за последний период и упомянуть тех ветеранов, с которыми пришлось близко встречаться и работать.

Определенный интерес представляют опубликованные в десятой главе письма в адрес автора книги.

Автор надеется, что читатели, как профессионально подготовленные разведчики, так и обычная читательская аудитория, с интересом прочтут эту книгу, узнают что-то новое для себя о том, как сотрудники военной разведки (легальным и нелегальным путем) вносили свой вклад в Победу в Великой Отечественной войне, содействовали соблюдению послевоенных мирных договоренностей, способствовали мирному урегулированию военных конфликтов в горячих точках Ближнего Востока и Юго-Восточной Азии, а также пополнят свои знания в области географии, истории и обычаев населения соответствующих стран.

Глава 1

Учебные семестры и трудовые будни до начала военной службы

РОДИТЕЛИ, ДЕТСТВО, ПЕРЕЕЗД ИЗ ВИТЕБСКА В КИЕВ

Летом 1916 года, когда еще бушевала Первая мировая война, в городе Витебске родился крепкий мальчуган, которому родители долгое время не давали имя. Мать считала, что лучше всего ребенка назвать Павлом или Петром, поскольку их именины пришлись на день рождения. Отец был против этого, так как среди его родных эти имена были очень распространены. Он хотел назвать сына Виктором — как себя. Мать противилась, считая это плохой приметой, которая говорила о скорой смерти отца (через несколько лет так на самом деле и произошло). Из-за разногласий по поводу имени ребенка крестили, когда он подрос. Во время обряда он выскользнул из рук священника и упал в купель. Священник, отметив, что это случилось впервые в его жизни, сказал, что ребенок вы-

растет подвижным и энергичным человеком и его жизнь будет долгой, в чем он не ошибся.

Родители мои были по своему времени образованными людьми. Отец имел высшее медицинское образование, мать окончила Бестужевские курсы в Санкт-Петербурге — первый женский университет в России. Отец был на 15 лет старше матери, и я появился на свет, когда ему было за сорок. По специальности отец был врачом-хирургом, имел практику работы в самых сложных ситуациях. Так, в 1903 году он находился в командировке в Китае в составе российской медицинской группы, в которой насчитывалось более 50 человек врачей, фельдшеров и младшего медперсонала. Эта группа занималась ликвидацией эпидемии чумы, о чем было подробное сообщение в журнале «Нива» за 1904 год. К концу года в Россию вернулись лишь несколько человек, включая моего отца. Остальные заразились чумой и погибли. В период Первой мировой войны отец был все время на фронте — хирургом в полевом госпитале. С весны 1918 года — хирург в частях РККА (Рабоче-Крестьянской Красной Армии).

Мой дед и прадед по отцовской линии были коренными севастопольцами, жили на Малаховом кургане в расположении 4-го бастиона. Брат прадеда был участником войны в 1854 году, принимал участие в обороне города Севастополя.

Мать всю свою жизнь преподавала русскую литературу и русский язык в школах Витебска,

Киева и Москвы. Обладала исключительной памятью. Очевидно, от нее я унаследовал это важное качество, что мне очень пригодилось при изучении иностранных языков. Именно она воспитала во мне трудолюбие, любознательность и инициативность. Все это потребовалось мне, будущему военному разведчику, при выполнении оперативных заданий, при работе с иностранными информационными документами и составлении соответствующих отчетов.

Родители мои, несмотря на свое общественное положение до революции, были людьми весьма свободомыслящими, они не соглашались со многими событиями, происходящими в жизни страны. В партиях никаких не состояли, но принимали всегда активное участие в общественной жизни. Это свойство характера передалось и мне.

Знакомые говорили обо мне: «Не ребенок, а ртуть». А соседские мальчишки звали меня не иначе как «маленький попер», поскольку я очень быстро бегал. Мои ноги, руки, голова были постоянно в ссадинах и синяках, а в местной железнодорожной поликлинике я был самым частым пациентом.

Из воспоминаний раннего детства самое сильное впечатление произвело событие, произошедшее летом 1920 года в Витебске, когда мне было всего четыре года. Как-то часа в три утра меня разбудила мать, подвела к окну и показала на улицу. Мы жили на втором этаже дома, расположенного на набережной Западной Двины. Я увидел, что по совершенно пустой булыжной мостовой двигался длиннющий поток крыс, которые покинули расположенный вблизи кожевенный завод и направлялись к оврагам, где размещались различные склады, большие сараи и хозяйственные помещения. Я подумал — если крысам попадется что-либо живое по пути, то моментально от него останутся лишь косточки. Пословица «крысы бегут с тонущего корабля» оправдалась через несколько дней, когда кожевенный завод сгорел дотла. Это ощущение я всегда вспоминал, когда впоследствии нередко заделывал смесью битого стекла с известью и глиной новые крысиные ходы на первом этаже нашей квартиры в Киеве по улице Саксаганского (д.72, кв.2).

До конца 1920 года я жил с матерью и бабушкой в Витебске. Отца почти не помню, так как он постоянно был в командировках, бывая дома наездами; и ко всему прочему он не очень любил возиться с детьми. После окончательного освобождения Киева войсками РККА отец получил новое назначение, и мы переехали в Киев. В начале 1922 года он возглавил городскую комиссию в Киеве по борьбе с тифом, однако заразился сам и скончался. До этого он был твердо уверен, что после участия в ликвидации такой страшной болезни, как чума, никакая другая инфекция не будет ему страшна.

Вскоре я поступил в школу, и для меня начались учебные семестры. Моими любимыми предметами были языки, русский и немецкий, а также география, история, физкультура. Интересовался электротехникой. Учился я отлично. В те годы практиковался бригадно-комплексный метод обучения. Ученики, объединенные в бригады, самостоятельно работали по заданиям в течение нескольких недель и отчитывались на заключительном занятии. Учителя были только консультантами, и процесс освоения знаний происходил самостоятельно[1]. К занятиям я относился ответственно, на подготовку к которым у меня уходило меньше времени, чем у других ребят. Здесь определенную роль сыграла моя мать, которая, будучи опытной учительницей, научила меня качественно и быстро готовить домашние задания, коротко, четко и грамотно формулировать свои мысли. Все это мне пригодилось и в будущем, когда я начал службу в военной разведке.

Большинство моих товарищей по классу погибли во время войны, остались в живых лишь два близких друга: Кирилл Борисович Толпыго стал физиком, членом-корреспондентом Академии наук УССР, а Михаил Анатольевич Воин-

---

[1] Вот как описывал эту систему советский писатель Николай Огнев в книге «Дневник Кости Рябцева» (1927): «В нашей школе вводится Дальтон-план. Это такая система, при которой шкрабы ничего не делают, а ученику самому приходится все узнавать. Я так, по крайней мере, понял. Уроков, как теперь, не будет, а ученикам будут даваться задания. Эти задания будут даваться на месяц, их можно готовить и в школе и дома, а как приготовил — иди отвечать в лабораторию. Лаборатории будут вместо классов. В каждой лаборатории будет сидеть шкраб, как определенный спец по своему делу...» И небольшое пояснение: шкраб — это школьный работник, т. е. — учитель.

ственский — известным орнитологом, доктором наук.

Самым сильным впечатлением детства в Киеве был случай, происшедший со мной и друзьями в Киево-Печерской лавре. На территории этого древнейшего на Руси монастыря, основанного еще при Ярославе Мудром в XI веке, имелись очень глубокие, искусственно созданные монахами пещеры (печеры — на древнерусском языке). Пещеры были местожительством монахов-схимников (затворников) и также служили храмами. Среди монахов было много летописцев, в том числе и Нестор. В пещерах они жили долгие годы, не выходя на поверхность, после кончины их тела оставались в кельях. Монахи представляли посетителям нетленные мощи и мироточивые главы святых угодников для обозрения и поклонения (монастырь закрылся в 1929 г., а с 1926 г. он действовал и как историко-культурный музей-заповедник).

Мне было 10 лет. Я предложил двум своим надежным друзьям по дому пройти в ближние пещеры под видом экскурсантов и попытаться обследовать дальние пещеры, находившиеся под Днепром, из которых, как я слышал, был выход на другую сторону реки. Надо сказать, что на подобную затею мало кто из знакомых мальчишек решился бы пойти — удовольствие небольшое, да и просто страшно бродить под землей, в кромешной тьме (в то время пещеры не были электрифицированы), к тому же предстояло идти среди мумий.

Отправились втроем. С собою мы взяли спички, свечи, бумагу, наструганные длинные деревянные палочки и кое-какую еду. Отстав от экскурсантов, мы углубились в пещеры. Но вскоре запутались в их лабиринте, хотя и обозначали маршрут следования стрелками, нарисованными мелом. Затея наша не удалась. Но нам повезло, что дежуривший у входа монах учитывал количество вошедших и вышедших экскурсантов, а на трех мальчишек обратил особое внимание. Через определенное время, когда все, кроме нас, вышли из пещер, он забил тревогу. Монахи хорошо знали пещеры, но и у них ушло полтора часа на то, чтобы нас обнаружить. Все это закончилось тем, что нас отодрали за уши и выпороли.

ТРУДОВЫЕ БУДНИ, СЛУЧАЙНЫЕ ЗАРАБОТКИ И ПРИОБРЕТЕНИЕ НОВЫХ СПЕЦИАЛЬНОСТЕЙ

После смерти отца материальное положение в семье стало тяжелым, к тому же его усугубляло время — только недавно окончилась Гражданская война. Ходили инфляционные деньги. Например, за фунт (400 граммов) белого калача я платил 250 тысяч рублей. Когда в середине 20-х годов прекратилась инфляция, мать зарабатывала не более 29 рублей в месяц. Какую-либо помощь от родственников отца и матери мы не получали, репетиторство, весьма распространенное явление в последующие годы, в то время не существовало. Особенно тяжело было в начале зимы 1933 года, когда на Украине свирепствовал голод (сказались перегибы в коллективизации), а у нас украли продовольственные карточки. Не выбрасывали даже картофельные очистки («лушпайки»): их мыли, сушили, а зимой делали из них котлеты.

В связи с этим я научился зарабатывать деньги сам, будучи еще подростком. Отправлялся на уборку снега, работал грузчиком на вокзале и на днепровской пристани. Вскоре я решил несколько увеличить свой заработок и соорудил из двух велосипедных колес тележку, на которой подвозил местным крестьянкам их продукты от пригородного вокзала до рынка. Часто вместо денег мне давали продукты, и это меня устраивало.

Во время учебы в школе, которая называлась в то время ФЗС (фабрично-заводская семилетка), раз в пять дней мы работали вместо учебы в альбомном или тетрадном цеху местной полиграфической фабрики «Жовтень», то есть «Октябрь».

После окончания школы я поступил на вечерние курсы иностранных языков им. Макса Гельца — изучал немецкий язык. И одновременно встал в очередь за работой на бирже труда. Иногда удавалось устроиться на временную работу, поэтому перечень всех мест работы в тот период достаточно большой и разнообразный. Так, однажды летом я устроился матросом на пассажирский пароход, курсирующий по Днепру, работал также на двух киевских заводах в литейном и котельном цехах.

17

До сих пор в Киеве на центральной улице, Фундуклеевской, стоит семиэтажный дом, в строительстве которого я участвовал несколько месяцев. Много лет спустя, когда я был со старшей внучкой Яниной в Киеве, этот дом произвел на нее большее впечатление, чем показ других мест моего пребывания в городе.

УЧЕБА В ИНСТИТУТЕ, ОДНОВРЕМЕННОЕ ИЗУЧЕНИЕ НЕСКОЛЬКИХ ЯЗЫКОВ. ПЕРЕЕЗД ИЗ КИЕВА В ХАРЬКОВ

В 30-е годы после окончания вечерних курсов иностранных языков я поступил в Украинский институт лингвистического образования (УИЛО) в Киеве, где готовили специалистов в области языкознания и переводчиков высокого класса, способных делать сложные литературные переводы художественных произведений. Преподавали нам известные украинские писатели и поэты. Так, у поэта Максима Рыльского мы учились переводить украинскую литературу на французский язык. Консультантами были также Мыкола Бажан и Павло Тычина.

В начале 1934 года украинское правительство переехало из Харькова в Киев, и в связи с этим ряд киевских вузов решили для «разгрузки» города перевести в Харьков. Наш институт попал в их число. Многих студентов, особенно жителей Киева, не очень радовал этот вариант в материальном плане. Кроме того, немало было и таких, кого не устраивало то, что переводимый в Харьков институт менял свой профиль на педагогический и стал называться Харьковский пединститут иностранных языков. Поскольку многие студенты пытались избежать такой участи, на них оказывались административные и прочие меры давления, например, отказ в выдаче документов и т.п., вплоть до исключения из комсомола.

В силу ряда обстоятельств я был вынужден выехать в Харьков, где проучился около двух лет и получил специальность преподавателя английского языка в учебных заведениях. В приложении к моему диплому значатся принятыми экзамены по следующим языкам: английский и французский (полный курс обучения), итальянский и румынский (один год обучения), украинский, латынь и стенография (краткий курс), испанский и эсперанто (факультативно). Дипломную работу я защищал на английском языке по теме «Лексика в литературных произведениях американского писателя Майкла Голда».

ПРЕПОДАВАТЕЛЬСКАЯ И ЖУРНАЛИСТСКАЯ ДЕЯТЕЛЬНОСТЬ. ПОЕЗДКИ ПО СТРАНЕ С ИСПАНСКИМИ ВОЕННЫМИ ДЕЛЕГАЦИЯМИ

После окончания института я недолго преподавал английский и немецкий языки в качестве вольнонаемного сотрудника в Киевском первом артучилище (на конной тяге) имени Лебедева и в одной из школ Киева.

Далее около двух лет я работал журналистом в центральной украинской газете «Коммунист», в международном отделе. Писал обзоры на международные темы, брал интервью у разных известных лиц; обычно один раз в четыре дня был дежурным редактором одной страницы газеты, посвященной последним событиям за рубежом. Подобный опыт работы очень пригодился мне позднее, при работе в военной разведке.

По заданию редакции я поддерживал постоянный контакт с редакцией испанской газеты «Мундо обреро», получал оттуда в период Гражданской войны газеты и фотографии происходящих событий. В конце 1936-го и в начале 1937 года в Одессу и Ленинград стали прибывать испанские военные делегации, с которыми я совершал поездки по стране, а информацию о их пребывании передавал в редакцию.

Так, в ноябре 1936 года одна такая делегация прибыла из Одессы в Киев, откуда ее путь лежал в Москву. На вокзалах и крупных станциях поезд на 10—15 минут останавливался, и на привокзальных площадях организовывались массовые митинги, посвященные встрече с испанцами. Эту делегацию возглавлял Антонио Иерро Муриель, боец колонны Франциска Соланы 5-го полка народной милиции. По гражданской специальности он был журналистом и избирался в парламент. Во время ожесточенных боев на фронте Самосиерры он был ранен в ногу, лежал в госпитале и теперь ходил с трудом, опираясь на палку.

Он рассказал мне, как был создан 5-й полк народной милиции, куда прибыло много добровольцев, и по своей численности он был уже бригадой. В дальнейшем на базе этого полка была создана знаменитая 11-я интербригада имени Листера. Полк в то время состоял из так называемых «стальных» рот, в каждой насчитывалось до 150 человек. При обострении обстановки эти роты направлялись на самые опасные и сложные фронтовые участки. Благодаря исключительному патриотизму и безграничной смелости добровольцев роты сдерживалось наступление фашистов, подразделения которых имели лучшее вооружение·и превосходили республиканцев по численности. Бывали ситуации, когда после боев в ротах оставалось не более 60 человек. 5-й полк народной милиции гордился также своим батальоном имени Тельмана, в котором сражались и немецкие антифашисты; и именно этот полк показал чудеса героизма при обороне города Толедо.

Когда бои утихали, бойцам показывали советские кинофильмы «Чапаев», «Мы из Кронштадта», «Броненосец «Потемкин» с титрами на испанском языке. После просмотра этих фильмов испанцы гордо заявляли: «Мы из Мадрида».

Запомнилось знакомство с лейтенантом Розено Мунио, который поведал мне о двух испанских девушках Хесуте и Пеппите, которые во время боев в районе Петерино проявили чудеса храбрости. В ответственный момент они с криками «вива» бросились вперед и повели за собою всю роту. После этого им было присвоено звание «молодых командиров».

В составе приехавшей делегации были четыре женщины, одной из них была Кармен Сальваро. Ей был 21 год, и она проходила службу в батальоне «Виктория» 5-го полка народной милиции. До войны она работала машинисткой в министерстве юстиции. От нее я узнал, что в республиканской армии помимо санитарок служит много девушек, владеющих стрелковым и пулеметным оружием.

Еще одна делегатка — Сиерро Энкарнисион — политический комиссар батальона, которым командовал Вальверде. В полк она пришла с табачной фабрики и участвовала в боях под Толедо. Бойцы батальона передали ей перед отъездом в СССР красное знамя и просили вручить его работницам московской фабрики «Трехгорка», что она и собиралась сделать по приезде в Москву.

Во время поездки я познакомился также с электромехаником из Валенсии — Рафаэлем Бело, бойцом пулеметного батальона «Свобода или смерть» также 5-го полка. Он подробно рассказал о боях под Сантой Ололой, Толедо и Гваделупой, где пришлось воевать с марокканцами.

Еще одну военную испанскую делегацию я сопровождал в мае 1937 года. Она состояла из 14 человек, участвовавших в боях за Мадрид, под Гвадалахарой и на Бискайском фронте. Сначала бойцы прибыли в Ленинград на пароходе «Феликс Дзержинский». Возглавлял делегацию комиссар 4-го батальона 11-й интербригады Франциско Гайоссо. Он участвовал в боях под Мадридом, в знаменитом Университетском городке, в Касо дель Кампо, Вильяверде, а также под Харамой. По его словам, их очень радушно встретили в Ленинграде и Москве, а Первого мая он был на Красной площади и видел, как по ней прошла торжественным маршем пролетарская дивизия.

Познакомился я также и с Франциско Куенио, который воевал и был ранен на Бискайском фронте; с матросом Рафаэлем Лякомбро с республиканского крейсера «Мендес Нуньес», который участвовал в бомбардировке фашистских укреплений на острове Майорка. Он с возмущением говорил о пиратском акте фашистов, потопивших в Средиземном море советский пароход «Комсомол».

Я привел лишь незначительную часть тех записей, опубликованных в наших газетах, которые по прошествии 65 лет до сих пор хранятся у меня. Во время посещения Испании в мае 1996 года вместе с делегацией Российского комитета ветеранов войны я передал в республиканский музей в Мадриде все ксерокопии моих материалов, связанных с национально-освободительной войной в Испании. Все это было принято с благодарностью, особенно фотографии участников испанских делегаций.

В описываемый период мною были взяты интервью у многих известных лиц: итальянского писателя Джованни Джерманетто, немецкого писателя Макса Гельца и ряда антифашистских деятелей, приезжавших из разных стран Западной Европы. Имевшийся у меня опыт журналиста очень пригодился мне позднее, во время службы в ГУ ГШ, при добыче, анализе, оценке и использовании получаемых в интересах Центра материалов.

УВЛЕЧЕНИЕ СПОРТОМ

Еще во время учебы в школе я с удовольствием выполнял все упражнения на уроках физкультуры. У меня были неплохие результаты по бегу, лазанию по канатам, подтягиванию на перекладине.

Я не боялся высоты, мог по водопроводной трубе добраться до третьего этажа и спуститься обратно. Однажды в возрасте 10 лет я согласился на спор перелезть по стропилам в нижней части пешеходного моста (длиной около 50 м) между двумя горами в районе Печерска в Киеве, на высоте 20 метров.

После окончания школы участвовал в разных спортивных состязаниях. Закончил теоретические и практические занятия на городских курсах альпинизма, и после восхождения на гору Суфруджу в Домбайской долине Северного Кавказа получил значок альпиниста и затем участвовал в целом ряде восхождений в других местах.

Попутно с альпинизмом я увлекался и туристическими переходами на длительные расстояния. Так, например, прошел пешком по маршрутам: Сухуми — Сочи, Теберда — Клухорский перевал — Сухуми.

Летом 1936 года участвовал в гребно-шлюпочном переходе по Днепру, организованном Днепровской военной флотилией по маршруту Киев — Днепропетровск — Запорожье — Херсон, длиною в 1000 км. В день мы проходили на веслах 60—70 км в условиях довольно жаркой погоды и не всегда в условиях штиля. Однажды из-за урагана пришлось даже сделать остановку на пару дней. Но маршрут был успешно пройден, и все участники после завершения перехода были награждены грамотами.

И, наконец, об увлечении еще двумя видами спорта. Лето не мыслил без велосипеда. Участвовал в велосипедных гонках: и на короткие дистанции, и на сотни километров, например, по маршрутам Киев — Минск, Киев — Житомир. В зимнее время увлекался лыжным спортом, включая также и спуски на горных лыжах, хотя тогда этот вид спорта не был так развит, как сейчас. Участвовал в дальнем лыжном переходе по маршруту Киев — Умань.

Хорошая и разносторонняя физическая подготовка, владение многими видами спорта мне значительно помогли при прохождении действительной военной службы, а также в период работы в органах военной разведки.

В завершение краткого рассказа о детстве и юности считаю важным заметить, что я это сделал для того, чтобы показать, как отдельные эпизоды жизни складывались в оп-

ределенную цепочку, которая определила мой дальнейший путь. Думаю, что именно первые 15—20 лет жизни очень важны для жизненного становления, так как в этот период формируется личность, проявляется генетическая наследственность, раскрываются способности и наклонности, вырабатываются качества характера, накапливаются знания. Особенности формирования личности имеют большое значение для человека, желающего связать свою судьбу со спецслужбами, в том числе и с военной разведкой. Поэтому при подборе кандидатов для подобной работы следует обращать особое внимание на все обстоятельства жизни человека.

Глава 2

Как я попал в разведку

СЛУЖБА В РАДИОДИВИЗИОНЕ И ПЕРЕХОД В ШТАБ ОКРУГА

В сентябре 1939 года я был направлен в качестве курсанта для прохождения действительной военной службы в радиодивизион 7-го полка связи в город Куйбышев, который впоследствии стал снова Самарой. Военную службу я начал, когда мне уже пошел 24-й год, за плечами был солидный трудовой и жизненный опыт, законченное высшее образование и определенные спортивные достижения. Важным моментом была работа в качестве вольнонаемного преподавателя в военном училище.

Служба и учеба в дивизионе проходила нормально, помимо постоянной тренировки на ключе нас ознакомили с работой на радиостанциях 6 ПК (для сухопутных войск) и 5а (предназначенной для авиации). Очень подводила погода: в том году была необычайно холодная зима, морозы устойчиво держались на отметке до 35—40 градусов и сопровождались сильными ветрами.

С началом советско-финляндской войны командир дивизиона освободил меня от занятий и дал команду готовить группы лыжников, по специальности связистов, для последующей их отправки на фронт. В течение дня я проводил занятия с двумя-тремя группами вне территории полка, на что уходило 9—10 часов ежедневно. В связи с такой большой физической нагрузкой при очень морозной погоде командир дивизиона определил мне двойное продуктовое довольствие, за что я был ему очень благодарен. С последней подготовленной группой и я должен был убыть на фронт, но этого не произошло, так как после длительного пребывания на холоде у меня воспалились голосовые связки, я полностью потерял голос и был отправлен в госпиталь.

Служба продолжалась на прежнем месте. Однажды, когда я оставался за дежурного по дивизиону, в подразделение прибыли командующий Приволжским военным округом, начальник штаба округа; их сопровождали командиры полка и дивизиона. Я четко доложил и представился. «Силен, — сказал командующий и оглянулся на командира полка: — Бравый парень». Командир полка только того и ждал и с гордостью доложил о моем владении несколькими европейскими языками. И в эту минуту определилась вся моя дальнейшая судьба на многие годы вперед.

Командующий заинтересовался, спросил, где я учился и работал, из какой происхожу семьи и какие знаю языки. В то время такие курсанты встречались редко. Через неделю из штаба округа последовал приказ откомандировать меня в распоряжение начальника оперативного отдела полковника В. Н. Разуваева, который во время войны с немцами стал генерал-лейтенантом (1944) и в конце войны командовал 1-й Ударной армией.

В состав этого отдела входило разведотделение, в котором я и продолжил службу. Вскоре оно стало разведотделом. Размещался я в помещении спецкоманды, военнослужащие которой были прикомандированы к различным отделам штаба округа. Моим соседом по койке был Хачик Минасович Амбарян. Впоследствии он стал генерал-полковником, заместителем командующего Белорусским военным округом и командовал после войны армией в Прибалтике. На долгие годы связала нас и наши семьи дружба с еще одним сослуживцем той поры — полковником Александром Мушеговичем Мосесовым, который работал в штабе у маршала И. Х. Баграмяна.

В мои обязанности входило:

— переводить или аннотировать некоторые статьи из немецкого военного журнала, регулярно поступающего в штаб, а также делать переводы некоторых других материалов по военной тематике;

— помогать вести карту с обстановкой на западном ТВД (театре военных действий) — с данными о военных действиях войск Германии и ее союзников во время уже начавшейся Второй мировой войны;

— вести занятия по немецкому языку с двумя-тремя полковниками штаба.

Вскоре меня избрали секретарем комсомольской организации спецкоманды, и работы мне прибавилось.

В апреле 1940 года меня вызвал начальник отдела и приказал выехать в Москву для беседы в 5-м Управлении РККА, откуда поступил запрос о наличии в штабе военнослужащих, знающих иностранные языки и в первую очередь немецкий. Накануне 1 мая я выехал в Москву.

БЕСЕДА С ГЕНЕРАЛОМ И. И. ПРОСКУРОВЫМ

В Москве я был принят в отделе кадров 5-го Управления полковником И. Ф. Туляковым, после беседы с которым заполнил соответствующие анкеты, а затем со мною беседовали полковники из оперативного управления.

Через несколько дней я был направлен на беседу к заместителю наркома обороны, начальнику 5-го Управления, генерал-лейтенанту Ивану Иосифовичу Проскурову. Я знал, что он воевал в Испании и ему было присвоено звание Героя Советского Союза.

Встретил он меня приветливо, предложил коротко рассказать о себе, особенно о полученном образовании и опыте работы. Он положительно отнесся к тому, что я был преподавателем в военном училище, работая по вольному найму, учился в радиодивизионе и проходил службу в разведотделе округа. Он попросил меня также подробно рассказать о моей работе в качестве журналиста, освещавшего испанские события и сопровождавшего в поездке по стране испанские военные делегации в 1936—37 годах.

Он отметил, что обстановка в мире очень неспокойная, идет Вторая мировая война, фашизм распространяется по Европе. Рассказал, что он тоже участвовал в воздушных боях с фашистскими асами, но, к сожалению, в Испании фашизм одержал победу. При этом он подчеркнул, что вся его деятельность в Испании была сопряжена со значительным риском, но этот риск надо было сводить до степени разумного и справедливого. Работа в военной разведке тоже рискованная, и он хотел бы услышать от меня, как я себя вел в сложных и опасных ситуациях. И я ему рассказал следующие истории.

Первая касалась многодневного лыжного перехода на Украине, когда я возглавлял небольшую группу спортсменов. Во время пути началась сильная пурга, которая замела второстепенную проселочную дорогу, по которой мы двигались. Ориентиров на открытой ровной степной местности никаких не было, а компасом мы не располагали. Тут я заметил уже в стороне телеграфные столбы и решил идти вдоль них. Так, ориентируясь на столбы, мы вскоре добрались до ближайшего населенного пункта.

Вторая история случилась, когда я работал в молодости матросом на пассажирском пароходе, курсирующем по Днепру. Ночью во время моего дежурства начался пожар, в тушении которого я принял немедленное участие и был отмечен приказом по Днепровскому речному пароходству.

Третий случай произошел во время альпинистского восхождения на Кавказе, когда нашу группу внезапно застала гроза во время подъема к одной из вершин. Сложилась сложная ситуация, так как все спортсмены имели при себе металлические предметы, от которых следовало немедленно избавиться, а делать это быстро было на высоте не просто. К тому же мы были в специальной обуви, низ которой состоял из металлических шипов.

Генерал меня остановил и, подводя итог этой беседе, сказал, что меня можно будет использовать для работы в сложных условиях в одной из балканских стран.

Эта беседа, которая длилась около двух часов, запомнилась мне на всю жизнь. В дальнейшем в ходе оперативной работы мне приходилось подбирать, изучать и готовить для сложной и опасной работы как наших разведчиков, так и агентов из числа иностранцев. При выяснении у подобранных мною лиц, смогут ли они точно ориентироваться и принимать правильные решения в экстремальных условиях, я всегда вспоминал беседу с генералом Проскуровым.

Рассказывая о встрече с Иваном Иосифовичем Проскуровым, смелым и мужественным человеком, не могу не сказать о его дальнейшей печальной судьбе. По ложному обвинению он был арестован и вскоре расстрелян. Это произошло в Куйбышеве 28 октября 1941 года — в тяжелейшее для страны время. С сожалением думаешь о той огром-

та погранвойск, выдали соответствующий документ, оружие, и мы поехали на автомашине на границу с Румынией, в район г. Коломыя. Утром следующего дня мы прибыли в танковую часть, и я поступил в распоряжение командира танкового подразделения. Здесь мне объяснили, что утром наши части будут переходить на всем протяжении румынскую границу и продвигаться на новый рубеж, который будет находиться в 250— 300 км в западном направлении. По этому вопросу имеется договоренность с румынской стороной, но в пути могут быть всякие эксцессы.

В мои обязанности входило следить за правильным движением по маршруту к новой границе, которая будет проходить по реке Серет в районе г.Сторожинец. Обращать внимание на все дорожные знаки. На остановках и при переговорах командира полка с румынскими офицерами выступать в качестве переводчика. Пригодилось мое знание румынского языка, который я более года изучал в институте. Наш переход прошел по плану, хотя на некоторых участках были различные осложнения.

После того как танковая часть достигла новой границы, я был на следующий день направлен в г. Черновцы в распоряжение полковника Я. Г. Бронина, который возглавлял там оперативную группу РУ ГШ. Ему была поставлена задача вербовки полезных для нас иностранцев, которые теперь уже с нашей территории будут репатриироваться в Румынию, Германию, Австрию, Венгрию и другие страны.

Коротко о Якове Григорьевиче Бронине (1900—1984). В тридцатые годы он был по линии РУ ГШ в двух зарубежных командировках — в Германии и Китае, где он сменил Рихарда Зорге, но через пару лет в результате провала был арестован и приговорен к 15 годам тюремного заключения. В декабре 1937 года был обменен на сына главы гоминьдановского режима Чан Кайши и до 1950 года продолжал службу по линии РУ. В 1950 году был уже арестован нашими органами безопасности; в 1955 году освобожден и реабилитирован. Работал в Институте мировой экономики и международных отношений АН СССР.

Вдвоем с одним нашим майором мы были включены в состав репатриационной комиссии. Во время бесед с репатриантами мы брали интересующих нас лиц на заметку. Под благовидным предлогом назначали им дополнительную беседу, а уже на завершающую беседу являлся Бронин и в моем присутствии оформлял вербовку. Он знал несколько европейских языков, внешне производил приятное впечатление. Мне он преподал ряд полезных приемов, которые следует использовать при вербовке различных категорий людей. Следует сказать, что в той ситуации это были легкие варианты вербовки.

Нами были проведены беседы с двумя десятками иностранцев, часть из них была завербована. Мне запомнились трое. Первой хочу упомянуть известную оперную певицу из Бухареста, красавицу; по ее адресу Бронин произнес множество комплиментов, а в день, когда оформлялась подписка, преподнес ей громадный букет чудесных роз.

Курьезный и необычный случай вербовки произошел в недавно занятом нашими войсками Кишиневе, куда я выехал с майором Е. Н. Атрощенко в служебную командировку. Мы разместились на подобранной служебной квартире. После беседы в официальном учреждении с перспективным инжнером, выезжающим в одну из балканских стран, мы пригласили его для оформления вербовки на эту квартиру. Продолжительная беседа закончилась тем, что приглашенный инженер дал согласие на работу с советской разведкой. В завершение попросили его оформить это согласие в письменном виде. И, как только он начал писать предложенный ему текст, над столом закачалась люстра, сместились с места свободные стулья, а из буфета посыпалась со страшным шумом посуда. Все мы были застигнуты врасплох землетрясением (не менее 4 баллов): никто не мог предположить, что случится такое стихийное бедствие. Природа внесла серьезные коррективы в нашу оперативную работу. Особенно это происшествие повлияло на нашего гостя. Он отказался писать текст-обязательство, усмотрев в этом землетрясении плохой знак, поданный Всевышним.

Мы, естественно, в такой обстановке не стали настаивать, перевели разговор на другую тему и решили втроем выпить по случаю того, что землетрясение было не очень сильным и мы остались живы и невредимы. В связи с тем что в городе в результате землетрясения возникли перебои с движением трамваев, мы остались ночевать на той же квартире. Утром после завтрака майор Атрощенко успокоил гостя, и тот в письменном виде подтвердил свое согласие. Дальнейшая его судьба мне неизвестна, но каждый раз, когда мне приходилось документально оформлять проведенные вербовки, вспоминался случай в Кишиневе.

И третий случай, который также произошел в 1940 году. Мы познакомились с крупным специалистом по вскрытию сейфов различных систем. Это был не какой-то вор-медвежатник, хотя и среди них встречались отменные специалисты, а сотрудник, работавший в специализированной фирме. Он согласился сотрудничать с нами, но при условии, что мы привлечем к этой работе его родного брата. Он ссылался на то, что вдвоем будет легче проводить намеченную операцию и обеспечить необходимую безопасность. Очевидно, он усматривал в этом и материальную выгоду: вдвоем они получали бы больше денег. Как действительно они работали впоследствии, мне неизвестно, так как они вскоре уехали в другую страну.

Даже эти немногие эпизоды начального периода моей работы в органах разведки свидетельствуют о непредсказуемости многих ситуаций и разных перипетиях, возникающих при проведении вербовки агентов. Это — один из наиболее сложных и ответственных участков всей оперативной работы.

РАБОТА НА ПОГРАНИЧНОМ РАЗВЕДПУНКТЕ В КАУНАСЕ

В конце 1940 года мне предложили после месячной подготовки в Центре выехать в Каунас на должность помощника начальника пограничного разведпункта (ПРП)[1]. Начальником его был назначен капитан Павел Александрович Колесников, погибший впоследствии в 1944 году на юге Украины при выполнении разведзадания. Кроме него в штате ПРП было два оперативных офицера, радист, шифровальщик и оперативный шофер.

Наша группа выехала в Каунас в начале января 1941 года; всю работу надо было организовывать на пустом месте. Нам были поставлены следующие задачи:

1. Выяснить и по возможности начать осуществлять курьерскую связь через границу в Германию.

2. Подобрать и подготовить два-три источника для освещения военной обстановки в прилегающей пограничной зоне Восточной Пруссии.

3. Использовать возможности созданной рс-

---

[1] Подразделение военной разведки в приграничной полосе. Вскоре на основе ПРП были образованы оперативные пункты.

патриационной комиссии для засылки в Германию лиц, представляющих интерес для разведки.

Всем оперативным офицерам была выдана пограничная форма (звания остались прежние). Кроме того, мне было выдано два гражданских удостоверения, по одному я являлся корреспондентом газеты «Известия», по другому — сотрудником республиканского уголовного розыска. В пограничном документе было указано, что я прохожу службу в штабе 107-го пограничного отряда, который дислоцировался почти на берегу Балтийского моря. Наличие этого документа давало мне возможность по оперативной необходимости посещать и выполнять задания и на территории 105-го и 106-го пограничных отрядов — на протяжении всей литовско-советской и восточнопрусской границы. По всем вопросам довольствия мы были прикреплены к штабу 12-й армии, который размещался в Каунасе.

До начала войны оставалось пять месяцев. Работать приходилось в довольно сложной обстановке. У немцев имелась своя агентура в Каунасе и Вильнюсе; часть литовцев, националистически настроенных, относилась к нам враждебно. Немецкие спецслужбы имели своих людей в репатриационной комиссии, в работе которой, как я отмечал, я также участвовал. Они даже организовали слежку за нашими офицерами, которых они подозревали в причастности к советской разведке или контрразведке. В целях безопасности я был вынужден трижды менять свое место жительства.

Невзирая на все сложности и малочисленный состав нашей развергруппы мне удалось сделать немало:

1. В двух основных городах (Каунасе и Вильнюсе) у нас имелись доверенные лица, которые выполняли функции наводчиков, там же у нас имелись конспиративные квартиры.

2. Было подобрано двое человек с родственными связями в немецкой пограничной полосе. Они были отправлены туда на короткое время для опробования возможной линии курьерской связи и сбора информации по агентурной обстановке и военной тематике.

3. Получена достаточная информация по агентурной обстановке в Восточной Пруссии и отрывочная информация по усилению немецкой военной группировки.

4. Репатриационная комиссия была использована для засылки интересующих нас лиц в Германию. Начавшаяся вскоре война свела эту работу на нет.

5. Была закуплена в большом количестве гражданская экипировка германского производства с тем, чтобы с началом войны вывезти ее в Москву и затем использовать в оперативных целях. Это удалось сделать, и военная экипировка нам очень пригодилась при выполнении многих развезаданий.

Перед началом Великой Отечественной войны мне пришлось несколько раз направлять из Литвы в Восточную Пруссию (через «зеленку») нашего агента Б., на которого мы рассчитывали, главным образом, как на нелегального курьера. Он был по профессии лесничим, жил в сельской местности. На немецкой стороне имел родных, которых изредка, несмотря на пограничный режим, нелегально посещал. Этот лесник прекрасно ориентировался в лесу, звуки, издаваемые ночью филином или совой, не приводили его в смущение. Он прекрасно знал режим охраны границы гитлеровцами, которые удачно сочетали охрану непосредственно самой линии границы с охраной территории в пределах в 5—10 км от границы, используя для этого сеть проезжих дорог.

Обобщая свой опыт, я пришел к выводу, что лучше всего для проведения операции через «зеленку» подготовлены люди, жившие ранее в лесной или горно-лесной местности. По специальности лучше подходят охотники, лесничие, геологи из разведпартий, а также и опытные туристы. Они хорошо ориентируются по маршруту следования, запоминают бросающиеся в глаза особенности дороги и приспосабливаются к сложностям пути в темное время суток и в случае непогоды. Они не пугаются лишних шумов в лесу, особенно криков лесных птиц и животных, сами же продвигаются совершенно неслышно.

Незадолго до начала войны наша разведгруппа предложила Центру провести весьма рискованную переброску агента (в дневное время, возле самой немецкой заставы). И это в условиях повсеместного значительного усиления охраны границы немцами в преддверии войны. Мы до мелочей изучили обстановку в районе заставы и особенно установленный временной режим (в том числе часы приема пищи и отдыха), которому немцы в силу своей пунктуальности уделяли большое внимание. Центр дал согласие, но пришлось еще убедить и начальника пограничного округа, который давал на это письменное разрешение. При этом следует учесть, что это был как раз тот период, когда мы всеми способами старались не обострять отношения с Германией. Мне пришлось готовить и осуществлять эту операцию; она заняла много времени, но прошла успешно: как при заброске агента в Германию, так и при его возвращении обратно. Хороший пример оправданного риска.

Одна наша переброска агента в Восточную Пруссию в феврале 1941 года прошла неудачно. Она осуществлялась через небольшую пограничную речку Шешупе, которая уже слегка тронулась льдом. Агента посадили в небольшую лодочку типа челнока. Передвигаться к противоположному берегу он должен был при помощи одного небольшого весла. К корме лодки была привязана веревка, второй конец ее находился у нас в руках. Недалеко от противоположного берега агент сделал неловкое движение веслом, и челнок зачерпнул немного воды, возник шум среди ночи, включая и невольный выкрик нашего человека. Вдали послышались шаги немецкого патруля, мы быстро подтянули лодку к нашему берегу и удалились в лес.

НАЧАЛО ВЕЛИКОЙ
ОТЕЧЕСТВЕННОЙ ВОЙНЫ

Примерно за неделю до начала войны меня вызвали в Москву для доклада об обстановке в Восточной Пруссии и о ходе выполнения задач, поставленных нашему ПРП. Мне объяснили, что начальника ПРП решили не вызывать, чтобы не оголять участок, поскольку время было очень напряженное и было много признаков приближающейся войны.

Я доложил, что информация о возможном нападении Германии на нашу страну поступала от лиц, прибывших за последнее время из городов Тильзита и Инстербурга. Я рассказал также о случае, который на первый взгляд мог показаться малозначимым. Перед отъездом в Москву, когда я проходил через городской парк в Каунасе (одет я был в форму лейтенанта пограничной службы), меня остановила цыганка, уже довольно пожилая. Предложила «позолотить ручку», от чего я отказался, так как считал неэтичным это делать в форме советского офицера. Тогда, понизив голос и подойдя ко мне вплотную, она сказала, что скоро немцы будут в Каунасе и что, возможно, это будет в ближайшее воскресенье или следующее за ним. Далее она высказала мнение, что война будет очень тяжелой и долгой, но я останусь жив и доживу до глубокой старости. Она оказалась права, так как мне сейчас пошел 88-й год.

Я спросил цыганку, откуда у нее сведения об этом, на что она ответила следующее: «Испокон веков мы, кочующие цыгане, много передвигаемся по белу свету, встречаемся со многими людьми, много видим и слышим, чего не слышат и не замечают другие. Короче говоря, мы — прирожденные разведчики. Но сказать, откуда мне это стало известно, не могу, так как можно повредить одному человеку». Я поблагодарил ее, соответствующее донесение было отправлено в Центр, начальник ПРП боялся, что за «цыганскую информацию» будет разнос, но все обошлось.

Меня внимательно слушали, данные о начале войны восприняли с определенным сомнением, приказали не распространяться нигде по этому поводу, но самым внимательным образом следить за обстановкой и докладывать всю информацию без исключения, даже «цыганскую». Позднее я взял для себя за правило собирать любую поступающую информацию, в том числе и разные слухи, поскольку только последующий тщательный анализ сведений из разных источников позволит составить достоверные данные и, что особенно важно, выявить дезинформацию.

Сразу же после этого я получил следующее боевое задание: 19 июня (оставалось три дня до начала войны) выехать курьерским поездом во Львов, имея при себе крупную сумму денег в рублях, злотых и немецких марках для передачи начальникам ПРП во Львове, Бресте и Каунасе.

Деньги было необходимо заложить в подобранные тайники в качестве резерва на случай военной ситуации.

Я попросил сопровождающего, так как поезд до Львова шел более 30 часов и одному ехать с такими деньгами будет рискованно. Мне ответили, что свободных людей нет, дали пистолет «вальтер» с двумя обоймами и посадили в отдельное двухместное купе курьерского поезда. Во Львов я приехал вечером 20 июня, передал деньги начальнику ПРП и 21-го днем выехал поездом в Каунас. Начальник ПРП сообщил мне, что обстановка на границе очень тревожная и мне в Брест никоим образом нельзя заезжать, и я последовал его совету. 22 июня в 00 часов я прибыл на квартиру в Каунас и на пару часов прилег отдохнуть после длинной и беспокойной дороги. В четвертом часу меня разбудила моя мать, которая, будучи в отпуске, жила со мною, подвела меня к окну, и я увидел группу средних немецких бомбардировщиков «Ю-88», которые бомбили наши склады боеприпасов на окраине города. Одновременно раздался телефонный звонок начальника ПРП.

22 июня к 12 часам дня оперативно собрали документы, и весь личный состав с семьями выехал из Каунаса в товарном вагоне, загруженном оперативной техникой и немецкой гражданской экипировкой. В Москву мы прибыли через 10 дней кружным путем, во время которого нас многократно бомбили.

Через неделю весь состав ПРП выехал на Украину в действующую армию для использования в разведотделе фронта. За час до отхода эшелона прибывший нарочный офицер передал мне приказание моего начальника в Москве с эшелоном не выезжать и прибыть в РУ ГШ. Весь состав этого ПРП погиб в скором времени, кроме радиста В. А. Передеры.

Глава 3

Офицер первого отдела

РАБОТА НА ГЕРМАНСКОМ УЧАСТКЕ 1-ГО ОТДЕЛА

В течение Великой Отечественной войны мне пришлось продолжительное время проходить службу на германском участке 1-го отдела 1-го управления ГРУ. В его состав до середины 1943 года входило шесть офицеров, имевших достаточный опыт оперативной работы и знавших немецкий язык. Отдел возглавлял подполковник К. Б. Леонтьев; в его подчинении, кроме меня, были офицеры А. В. Руненко, Н. И. Веселов, А. Н. Задумкин и Ю. В. Пономарева, которая впоследствии стала моей женой и боевой подругой.

Вначале хочется кратко сказать о бытовых условиях в то напряженное военное время в Москве. Германский участок отдела размещался в пяти комнатах на 3 этаже дома №6 по Гоголевскому бульвару. Рабочий день начинался в 9.00 и заканчивался обычно после 21.00, если не было срочной работы. В шкафах были наборы спальных принадлежностей, так как очень часто в силу занятости приходилось ночевать в служебных помещениях. Много времени уходило на дежурства по отделу или управлению, а также на крыше служебного пятиэтажного здания (в Большом Знаменском переулке, д. № 19) во время воздушных налетов немецкой авиации. Однажды я был в наряде без подмены в течение трех суток.

С начала 1942 года два раза в месяц для отдыха офицеров были введены так называемые банно-прачечные дни. Питание осуществлялось в управленческой столовой, где обслуживание было несколько лучше, чем в других военных столовых. Каждый офицер получал продуктовую карточку, рассчитанную по рабочей категории. Все талоны на целый месяц вырезались и сдавались в столовую; талонами на мыло, табак и водку мы распоряжались по своему усмотрению.

У всех были спецпропуска, разрешающие передвигаться в городе после наступления комендантского часа. Во время выполнения оперативных заданий в Москве или в Подмосковье офицеры были одеты в штатское, что иногда вызывало подозрение у патрулей. В холодное время года в отдельных случаях была разрешена смешанная форма одежды: гимнастерка, брюки, сапоги — военные; пальто и головной убор — гражданские.

Несколько слов о стиле работы. Для того периода было характерно составление минимального числа оперативных документов, исполнялись они предельно кратко и в сжатые сроки. При прохождении их по инстанциям исключались какой-либо бюрократизм и волокита. Совещания у начальника отдела проводились редко, обсуждались лишь общие вопросы, и на это от-

водилось ограниченное время, какие-либо само-
отчеты офицеров были исключены.

Следует отметить высокую организованность,
исполнительность, инициативность офицеров, а
также их умение планировать рабочее время. Все
офицеры должны были быть досягаемыми в
любое время суток, поэтому у всех были домашние телефоны. Вопросам бдительности и конспирации уделялось повышенное внимание. Так,
например, в течение нескольких месяцев при
входе в центральное здание ГРУ, рядом с посто-
вым красноармейцем, дежурил и оперативный
офицер из младшего комсостава.

ОБОРОНА МОСКВЫ

Прибыв в начале июля 1941 года в Москву из
Каунаса, я сразу был подключен к активной
оперативной и информационной работе. После
22 июля, когда фашистские летчики стали совершать налеты на столицу и пытались бомбить отдельные объекты и микрорайоны, количество
сбитых немецких самолетов и катапультировав-
шихся летчиков стало постоянно увеличиваться.
Как показал опыт их допросов, они вели себя
нагло и самоуверенно, но, в отличие от офицеров
сухопутных войск они обладали значительно
большей и интересной для нас информацией.
Мне пришлось почти всегда участвовать во всех
допросах, которые проводили опытные авиаторы
из информационного отдела, а в редких случаях — и представители руководства ГРУ.

В конце сентября 1941 года мною был доставлен в Москву взятый в плен капитан Ганс Мессершмидт, летчик немецкого среднего бомбардировщика «Ю-88». Первый ночной допрос был почти безрезультатным: он сообщил все то, что было указано в его личных документах. После этого я решил подробно ознакомиться с его записной книжкой; времени для этого перед первым допросом не было. На некоторых страницах я обнаружил стенографические записи, сделанные в немецком варианте. Мне повезло, так как я достаточно глубоко изучил нашу и немецкую стенографию во время учебы в Украинском институте лингвистического образования. К сожалению, никто из переводчиков немецкого языка такими знаниями не обладал.

Расшифровывая эти записи, я понял, что они содержат важные для нашей разведки сведения. Они, видимо, были записаны на каком-то оперативном совещании в авиационной части. На обработку этого материала у меня ушло около трех часов. Я определил, что немцы готовятся 1—2 октября начать, по их терминологии, «новое генеральное наступление» на Москву. Эти сведения дополнялись перечнем некоторых авиационных частей, которые должны были обеспечить наступление немцев на Москву в составе группы армий «Центр», которой командовал фельдмаршал Федор фон Бок.

На втором допросе, с использованием расшифрованных записей, Мессершмидт не смог больше отпираться и сообщил другие полезные сведения. Вся эта информация в сочетании с другими новыми данными была доложена Главнокомандующему И.В.Сталину.

Удивительным продолжением этой истории стала встреча, которая произошла 15 лет спустя, когда я работал старшим помощником Военного атташе при посольстве СССР в Австрии. Однажды я следовал с одним нашим сотрудником на автомашине из Вены в Инсбрук и далее до города Брегенц, вблизи княжества Лихтенштейн. Недалеко от Зальцбурга мы остановились возле небольшого дорожного ресторана, чтобы перекусить. Один из посетителей ресторана подошел ко мне и сказал: «Я капитан Ганс Мессершмидт, вы меня не узнаете? Мы с вами беседовали в сентябре 1941 года в Москве».

В это трудно было поверить, но передо мной действительно стоял бывший командир самолета «Ю-88». Во время допросов мы хорошо запомнили друг друга, что неудивительно и в силу обстоятельств допроса, и благодаря нашим профессиональным навыкам: и летчики, и разведчики обладали хорошо развитой зрительной памятью.

Я поздоровался, улыбнулся и сказал, что, вполне возможно, мы где-то встречались. Обменялись десятком фраз и разошлись; разъехались в разных направлениях, вспоминая каждый свое и осмысливая эту, без сомнения, знаковую встречу. Воистину «мир тесен», а «пути господни неисповедимы».

В октябре 1941 года приказом Г.К.Жукова Москва была объявлена на осадном положении. В строжайшей тайне спецслужбы на случай оставления Москвы нашими войсками, как это было в 1812 году, начали создавать боевые группы для ведения разведки и организации диверсий.

Одну такую группу ГРУ было поручено создать капитану М. И. Поляковой, имевшей опыт нелегальной работы на Западе и знавшей не один иностранный язык. Она занималась подбором конспиративных квартир, отбором и легализацией уже подготовленных радисток. В ноябре она вела двойной образ жизни. С утра и до конца дня работала в ГРУ, а затем переодевалась в поношенный ватник и такую же шапку-ушанку и направлялась на специально подобранную квартиру, где была якобы уже очень давно прописана по оперативно изготовленным документам.

Мне было поручено надежно «забазировать» агентурные радиостанции с помощью двух-трех пожилых железнодорожников, живших на подмосковных железнодорожных станциях западного направления. Одновременно им была дана команда по сбору информации о немецких военных эшелонах, которые будут следовать в Москву. Все вышесказанное они должны были хранить в строжайшей тайне. К нашему счастью, немцы в Москву не вступили, но только после окончания битвы на Курской дуге я забрал рации и отблагодарил их.

Несколько позже я был прикреплен в качестве переводчика немецкого языка к первому заместителю начальника Генштаба, генералу армии А. И. Антонову. У его адъютанта были мои телефоны, служебный и домашний, а также телефон дежурного по ГРУ. Чаще всего меня вызывали в позднее вечернее и ночное время, поскольку, как известно, военно-политическое руководство страны в те времена заканчивало свою работу глубокой ночью.

О встречах и работе с генералом армии А. И. Антоновым у меня остались добрые воспоминания. Человек он был исключительно эрудированный, а как военачальник — уравновешенный и в словах, и в делах. Мне приходилось переводить устно и письменно важные немецкие трофейные документы, расшифрованные радиограммы или телефонные переговоры, а также немецкие трофейные кинофильмы на военные темы. Иной раз, когда была возможность отвлечься от работы и отдохнуть, для А. И. Антонова и приглашенных к нему генералов киномеханик прокручивал трофейные немецкие художественные фильмы, в которых играла известная в тот период актриса Марика Рёкк.

А. И. Антонов рекомендовал меня в качестве переводчика также и генералам танковых войск С. И. Богданову, Я. Н. Федоренко и П. М. Ротмистрову. Их управление находилось тогда во 2-м доме НКО (Народного Комиссариата обороны), на Васильевском спуске. Там мне приходилось переводить трофейные немецкие материалы, главным образом секретные, связанные с действиями частей и соединений немецких танковых войск.

СЛУЧАЙНОЕ ПРИЗЕМЛЕНИЕ НАШЕГО САМОЛЕТА НА НЕМЕЦКИЙ АЭРОДРОМ

В апреле 1942 года генерал-майор А. Г. Самохин (это звание он получил еще до войны), проходивший недавно службу во 2-м Управлении ГРУ ГШ, вылетел из Москвы со своим адъютантом с военного аэродрома в действующую армию. Это было вечером, во время моего дежурства в качестве помощника дежурного по ГРУ; мы тепло распрощались друг с другом. Он должен был прибыть в одну из действовавших в районе Харькова армий, куда он был назначен на должность начальника штаба.

В штабе фронта он пересел на другой самолет, чтобы долететь до своей армии. Погода была нелетная, разбушевалась метель, наступал вечер. К тому же резко изменилось и без того сложное положение на фронте: наше наступление на Харьковско-Барвенковском направлении захлебнулось, и немцы перешли в контрнаступление. В силу этих обстоятельств и недостаточной опытности летчика генерал при приземлении самолета оказался не на нашем аэродроме, а у немцев, на их полевом аэродроме, который они недавно захватили. Все произошло так внезапно, что наш генерал и сопровождавшие его лица без единого выстрела были взяты немцами в плен. Больше нам ничего не было известно.

Позднее, уже после Сталинградской операции, мне пришлось вместе с капитаном И. Ф. Демским в г. Елабуге допрашивать одного старшего лейтенанта вермахта, прилично знавшего русский язык. Вскоре выяснилась интересная деталь. Этот офицер в свое время участвовал в качестве переводчика на допросах нашего генерала Самохина, самолет которого по ошибке приземлился на немецком аэродроме. Самохин во время допросов скрыл свою непродолжительную службу в военной разведке, так как понимал, что если это станет известно немцам, то начнутся допросы с пристрастием, физическим и психологическим воздействием. По словам допрошенного нами старшего лейтенанта, Самохин вел себя на допросах достойно. Он выдал себя за сугубо армейского генерала, служившего всю жизнь в войсках, что в принципе и соответствовало действительности, поэтому ничего из того, что особенно интересовало немцев, он бы и не мог выдать, да и обстановку в пределах данного фронта он знал в общих чертах.

Все сведения о допросах этого старшего лейтенанта вермахта я доложил по прибытии в Москву своему начальнику в ГРУ. Наличие этих материалов способствовало тому, что вскоре после окончания войны Самохин был реабилитирован, хотя психологически он оказался сломленным человеком.

ПОЕЗДКИ ВО ФРОНТОВЫЕ СБОРНЫЕ ПУНКТЫ И ЛАГЕРЯ ВОЕННОПЛЕННЫХ

В период войны оперативные офицеры германского участка 1-го отдела, и я в том числе, периодически выезжали в лагеря военнопленных, расположенные в тыловых районах европейской части России — во Владимирской, Ивановской областях, в Удмуртской и Татарской автономных республиках, на Урале.

Во время всех этих командировок мы решали следующие задачи:

— Сбор данных по агентурной обстановке в Германии и Австрии; в частности, нас интересовали данные, какие районы и в каких городах были подвержены усиленным бомбардировкам союзников. Отмечу, что к началу 1943 года мы имели подробные описания 62 городов, которые использовались в нашей работе (при легендировании и подготовке материалов для ориентировки на местности).

— Сбор личных документов различных категорий военнопленных, порядок их получения и передвижения их владельцев по территории Германии и во фронтовых условиях. Получение подробных биографий — к концу года у нас их имелось около двухсот.

— Получение рекомендательных писем от военнопленных с просьбой оказывать содействие их подателям. Во время войны мы ими пользовались ограниченно и лишь при наличии надежных условий, после окончания войны — довольно часто.

57

— Получение необходимых данных (о людях, контактах, важных событиях и пр.) в целях организации возможных выходов нашей разведслужбы на интересующие нас важные объекты разведки в Германии и Австрии.

— Сбор прочих информационных сведений в соответствии с поставленными задачами. Так, после завершения битвы под Москвой мною на основании допросов военнопленных и ознакомления с не отправленными ими письмами в Германию была подготовлена справка о политико-моральном состоянии в ряде частей сухопутных войск. После Сталинградской битвы был подготовлен материал, включавший сведения о том, как командиры немецких частей оценивали действия наших штурмовых групп (созданных по инициативе генерала В. И. Чуйкова для ведения боев в условиях города), и каким образом они им противодействовали.

Одновременно практиковались также выезды на фронтовые сборные пункты военнопленных. По времени они приурочивались к завершению крупных наступательных, а также и оборонительных операций. Выезжали мы обычно в составе двух человек, хорошо знающих немецкий язык и агентурную обстановку в Германии и Австрии. Наиболее часто со мной выезжали офицеры И. Ф. Демский, А. Н. Задумкин, И. Беляков, Ляпунов, Е. Молчанов, Миронов. С последним у нас были поездки на 1-й и 2-й Украинские фронты; в то время он был в звании майора и внешне был похож на своего родственника, артиста Андрея Миронова. Впоследствии он дослужился до звания генерал-майора и командовал стрелковой дивизией в районе Львова; умер, к сожалению, довольно молодым.

В феврале-марте 1944 года, в период наступления советских войск на правобережной Украине, мы выезжали для выполнения заданий в районы Луцк-Ровно, Корсунь-Шевченковского, Умани и других населенных пунктов. В пути случались разные происшествия.

Во время проведения Корсунь-Шевченковской операции мы ехали на легковой военной машине в район, где была окружена немецкая группировка. Местность была открытой, но то справа, то слева встречались небольшие перелески. Мы ехали по проселочной разбитой дороге, местами покрытой щебенкой. Впереди нас, примерно в 800-х метрах, медленно двигались две грузовых машины с боеприпасами. Вдруг наш шофер резко затормозил, и мы остановились перед местом, где была свежевзрыхленная земля. Выяснилось, что диверсанту в считанные секунды удалось заложить на дороге противотанковую мину (после проезда грузовых машин), но в спешке он ее плохо замаскировал; и это спасло нам жизнь.

В июне-июле 1944 года, в период наступления наших войск в Белоруссии и Литве, я выезжал с Ляпуновым в составе оперативной группы для выполнения заданий в войска 3-го Белорусского фронта. Маршрут следования: Орша — Молодечно — Вильнюс — Каунас — Гумбинен (последний уже на территории Восточной Пруссии). За выполнение задания был награжден.

Помимо указанных выше двух фронтов были также выезды на Западный, Северо-Западный, 3-й Украинский, Карельский, Белорусские и Прибалтийские фронты.

ПОДГОТОВКА
И ЗАБРОСКА РАЗВЕДЧИКОВ В ГЕРМАНИЮ

Значительное время у нас, сотрудников германского участка, уходило на подбор подходящих для разведработы проверенных лиц: советских граждан немецкого происхождения или других национальностей, отлично владеющих немецким языком и похожих по внешности на немцев или австрийцев. С этой целью нам приходилось выезжать в другие области европейской части СССР, поскольку многие жители Москвы были эвакуированы в восточные районы страны.

Как уже отмечалось, с 1942 года и особенно после завершения Сталинградской битвы мы стали выезжать в сборные пункты и лагеря военнопленных с целью подбора кандидатов из числа антифашистски настроенных лиц. Однако следует отметить, что коэффициент их полезного действия после заброски в Германию был значительно ниже, чем у советских граждан. Это было связано с тем, что органы гестапо вели учет своих военнослужащих, попавших во время военных действий в плен или пропавших без вести.

Самой сложной для нас задачей была заброска людей в Германию (районы Верхней Силезии и Восточной Пруссии) на парашютах. Для этой цели использовались военно-транспортные самолеты «СИ-47», вылетавшие с Внуковского или других военных аэродромов. Сама операция усложнялась, в случае если с разведчиками следовал грузовой парашют.

Довольно часто командиром корабля был летчик Рафаэль Капрелян, который впоследствии был награжден за выполнение этих полетов. Когда осуществлялись первые выброски, то нам, оперативным офицерам, поручалось принимать участие в самой выброске; но затем в целях конспирации Центр от такой практики отказался.

Характерно, что документы посылаемых в Германию и Австрию разведчиков были очень качественно изготовлены в Центре, и каких-либо провалов в этой связи не было. Документы были настолько надежными, а легенды, разработанные в ГРУ, правдоподобными, что агенты спустя годы оставались в стране с этими фамилиями и биографиями; случалось, что и умирали с ними.

Так, пожилая немка, о заброске которой будет рассказано дальше, выдавала себя за вдову офицера вермахта, погибшего на Восточном фронте. По легенде, все ее родные и близкие погибли во время бомбардировки Гамбурга. После войны она продолжала жить по документам, выданным в Центре, и даже получала пенсию, как вдова капитана.

Далее, наш агент, мой подопечный, заброшенный в Германию в один из крупных городов, удачно легализовался и после окончания войны был принят в труппу драматического театра. Впоследствии он стал известным немецким актером. С подготовленной для него легендой он прожил всю последующую жизнь. При этом следует отметить, что все его родственники, жившие ранее в Германии, погибли во время бомбардировок.

После удачной заброски и легализации вышеуказанные лица поступали в подчинение тех офицеров, которые их готовили. Часть нашего рабочего времени уходила на обработку и перевод входящих и исходящих телеграмм по информационным и оперативным вопросам. Таким образом, все задачи оперативными офицерами решались в комплексе. У каждого из нас было несколько человек на подготовке, а также на связи — до 2-х резидентур и еще отдельные источники.

·В течение всего периода работы на германском участке 1-го отдела мне приходилось постоянно встречаться по заданию начальника ГРУ Ильичева И. И. с Рудольфом Гернштадтом, замечательным разведчиком, создавшим берлинскую и варшавскую резидентуры, завербовавшим семь ценных агентов, включая Ильзе Штебе, Герхарда Кегеля, Курта Велкиша и других. Несколько месяцев я проживал с ним на одной служебной квартире. От Р. Гернштадта было получено более 20 разработок и справок на военно-политические темы, связанные с фашистской агрессией, включая битвы под Москвой, Сталинградом и на Курской дуге. В ноябре 1942 года он подготовил обстоятельный и объемный документ, касающийся организации нелегальной работы в Германии.

2 мая 2003 г. мне довелось рассказать о деятельности Рудольфа Гернштадта во время войны и в послевоенный период его старшей дочери, писательнице Ирине Либман, приехавшей из Берлина в Москву.

Были успехи, были и провалы. Значительные потери разведка понесла в результате провала ряда наших резидентур, входивших в состав так называемой «Красной капеллы» во Франции, Бельгии, Голландии, Швейцарии и особенно резидентуры «Альты» в Германии.

Хочется отметить, что личному составу германского участка 1-го отдела 1-го управления в 1942—44 годах удалось в определенной мере восполнить потери указанных резидентур, забрасывая агентуру в Германию и Австрию в жесточайших условиях войны и крайне сложной агентурной обстановки в этих странах.

ПОБЕГ ВИЛЛИ РОМА
ИЗ МЕСТ ЗАКЛЮЧЕНИЯ

Рассказывая об агентурной работе германского участка 1-го отдела, нельзя не сообщить о разведчике Вилли Роме. Родился он в 1911 году в Германии, в городе Франкфурт-на-Майне. Отец — немец, мать — украинка из Одессы.

В юношеском возрасте Ром приобщился к революционному движению, в тридцатых годах возглавлял комсомольскую организацию в Рурской области. После прихода Гитлера к власти вел подпольную работу во Франции и Дании, откуда нелегально выполнял разведзадания против фашистской Германии.

В 1936—38 годах воевал в Испании в составе батальона имени Тельмана 11-й интербригады. Затем Ром был привлечен генералом Х. У.-Дж. Мамсуровым (о последнем подробно в 9-й главе) к работе советских спецслужб.

В 1939 году В. Ром был направлен в Швецию с швейцарским паспортом на имя Йона Гетцингера в качестве резидента-радиста для представления разведданных о немецких войсках, находящихся в Скандинавии. Сначала были трудности с легализацией, но затем он смог прочно осесть в месте назначения. Помимо сбора информационных сведений о немецких войсках, которые вопреки шведскому нейтралитету находились в стране, Рому было поставлено задание организовать диверсии на железной дороге в центральном районе страны, где передвигались немецкие эшелоны с военной техникой и живой силой. Так, например, 19 июля 1941 года, когда Германия уже вторглась на территорию Советского Союза, в районе станции Крюльбу был подорван немецкий эшелон в составе 20 вагонов с немецкой техникой, в котором по документам якобы перевозились овощи. Об этом писала в то

В. В. Бочкарев — матрос Днепропетровского речного пароходства.

Лейтенант В. В. Бочкарев. Москва, ноябрь 1941 г.

Полковник В. В. Бочкарев. Берлин, 9 мая 2000 г.
Снимок сделан при возложении цветов
в Трептов-парке.

В. В. Бочкарев в Берлине. 7 мая 2000 г.

Жена В. В. Бочкарева Юлия Викторовна.
Москва, 1943 г.

В. В. Бочкарев с внуками. Москва, июль 2001 г.
Снимок сделан по случаю 85-летия дедушки.

В. В. Бочкарев с женой Юлией, дочерью Татьяной и сыном Юрием. Никосия, Кипр, август 1970 г.

Ю. В. Бочкарева в день 50-летия Победы с дочерьми
и внучками.

В. В. Бочкарев с женой в день 50-летия Победы.
9 мая 1995 г.

В. В. Бочкарев с женой Юлией у памятника Жертвам фашизма в концлагере Маутхаузен. Австрия, 1956 г.

В. В. Бочкарев с семьей в районе Лаксенбурга.
Австрия, 1956 г.

Племянник В. В. Бочкарева Владимир Иванович
Бочкарев на корабле «Горизонт» у острова Галиндес.
Антарктида, 2000 г.

Первые космонавты страны на приеме у министра обороны СССР. Москва, сентябрь 1969 г.

Второй справа — В. В. Бочкарев.

Встреча министра обороны СССР маршала
Р. Я. Малиновского с министром обороны Австрии
Стефани. Москва, сентябрь 1969 г.
В центре — В. В. Бочкарев.

Беседа Председателя Президиума Верховного Совета СССР А. И. Микояна с федеральным канцлером Австрии Юлиусом Раабом. Вена, осень 1957 г. Слева — В. В. Бочкарев.

Экипаж самолета А. И. Микояна у пивной бочки, в которой гости пьют пиво. Вена, осень 1957 г. Крайний слева — В. В. Бочкарев.

Встреча с президентом Кипра архиепископом
Макариусом. Никосия, февраль 1971 г.
В центре — В. В. Бочкарев.

Сотрудники аппарата военного атташе и их жены на дипломатическом приеме вместе с советским послом А. А. Барковским. Никосия, Кипр, 23 февраля 1973 г. В. В. Бочкарев — п я т ы й с л е в а.

В. В. Бочкарев беседует с генералом из ООН Прэм Чандом и турецким генералом.
Никосия, Кипр, май 1972 г.

На австро-венгерской границе военные атташе
великих держав беседуют с командующим
австрийскими войсками генералом Либицким.
Ноябрь 1956 г. Второй справа — В. В. Бочкарев.

Возложение венков на могилу Героя Советского Союза Николая Кузнецова. Львов, октябрь 1975 г. Третий справа — В. В. Бочкарев.

время фашистская газета «Фелькишер Беобахтер» от 1 и 2 октября 1941 года.

Радиосвязь с Центром поддерживалась довольно часто, его позывной для Центра — OHR. Для передачи наиболее ценных сведений он в целях конспирации выезжал в прилегающие фьорды на взятых напрокат лодках с разных водных станций. Во фьордах стояли десятки иностранных судов с активным радиообменом, поэтому запеленговать его было трудно. Но поездки осуществлялись лишь при хорошей погоде и в теплое время года, чему северный климат Швеции не благоприятствовал.

За короткое время Рому удалось создать резидентуру из шести человек, пять из которых были шведские подданные, в том числе две женщины. Одна из них была эстонкой, принявшей шведское подданство. Она работала танцовщицей в одном из кабаре в Стокгольме и оказывала Рому помощь в роли наводчицы на представлявших интерес для нас кандидатов на вербовку. Обеспечить в сжатые сроки безопасные линии связи для шести членов резидентуры в условиях уже начавшейся Второй мировой войны было делом нелегким. В каком-то звене были нарушены правила конспирации, и произошел провал.

В конце 1941 года по подсказке немецкого гестапо Ром был арестован шведскими властями. Он опасался, что его могут выдать Германии, но, к счастью, этого не произошло. В феврале 1942 года Вилли был приговорен к восьми годам лишения свободы. Находясь в тюрьме, вел себя мужественно, хотя подвергался пыткам, в результате которых левая рука оказалась поврежденной.

Ром стал тщательно готовиться к побегу. Первой целью поставил себе добиться перемещения из тюрьмы в гражданскую больницу, что вполне могло быть осуществлено, т.к. порядки в шведских тюрьмах того времени резко отличались от условий содержания арестованных в фашистской Германии. Сначала он пытался симулировать сумасшествие (как это когда-то успешно сделал известный грузинский революционер Камо), но этого оказалось недостаточно. Тогда он прибегнул к довольно опасной мере. Он собирал на полу тюремной камеры пыль и проглатывал ее с мельчайшими кусочками лезвия безопасной бритвы; после этого у него начались боли в желудочно-кишечном тракте и понос. Вскоре он был переведен в гражданскую больницу и размещен в одиночной палате на третьем этаже, окнами на тихую улочку. Охрану обеспечивал специально выделенный для этого надзиратель. После пребывания в тюрьме благоустроенная больница показалась ему раем, он стал быстро поправляться, и появилась опасность снова попасть в камеру.

Поскольку у него была повреждена рука, он не переставая специально жаловался, что она у него болит, и потому руководство больницы исключало какую-либо возможность побега, но оно глубоко ошиблось. Однако скрыться в этих условиях было невозможно без помощи извне.

И в один прекрасный день в 1945 году до него дошел сигнал от друзей и единомышленников в Швеции о намеченном дне и часе побега, рассчитанном на ночное время. Он смог, несмотря на больную левую руку, спуститься из окна третьего этажа больницы с помощью «веревки», связанной из кусков простыни.

На улице его встретили и отвезли за пределы столицы в заранее подобранное жилье, где он отсиживался непродолжительное время. После этого его снабдили велосипедом и кое-какими документами. В конечном итоге он проделал несколько сот километров до советско финской границы. К тому времени уже был подписан акт о капитуляции Финляндии, и военные действия в районе границы прекратились. Таким образом, он оказался на территории Советского Союза. Этот уникальный и неповторимый побег был совершен человеком сильной воли, имевшим опыт подпольной работы. Подробно его описал немецкий писатель Юлиус Мадер в журнале «Funkamateur» («Радиолюбитель») за 1975 год, № 9, 10.

Я познакомился с Вилли Ромом после окончания войны и некоторое время руководил его работой. Внешне он был очень привлекателен (правильного телосложения, с мужественными чертами лица и пышной шевелюрой черных волос). Общительный по характеру, он притягивал к себе людей и был расположен к общению. Во всей полноте я это ощутил много лет спустя, когда летом 1969 года мы отдыхали вместе с нашими се-

мьями в Крымском санатории недалеко от Алушты.

А в 1950 году Вилли Ром был отправлен в очередную командировку в одну из западноевропейских стран для работы в нелегальных условиях, где он и пробыл несколько лет. Но и здесь его снова, как и раньше, преследовала госпожа неудача. Его тайник в лесу, где на некоторое время, из-за поездки в Москву, были заложены его легализационные документы, обнаружил местный лесничий. К сожалению, Рому пришлось прервать свою разведывательную миссию и срочно возвращаться в СССР. Точно такая же участь ожидала и его помощника, с которым он работал в Германии.

До 1965 года он жил с семьей в Москве. После увольнения в запас в звании подполковника Советской Армии ему было оформлено гражданство ГДР. В летнее время он часто приезжал в Советский Союз, где непременно встречался со своим, как он говорил, крестным отцом, генералом Мамсуровым, а после смерти генерала всегда посещал его могилу на Новодевичьем кладбище.

Сам Вилли Ром умер в 1999 году в Берлине и был похоронен на кладбище Фридрихсфельде, в так называемом социалистическом секторе. Проводить его приехали все оставшиеся в живых и живущие в Германии участники боев в Испании; рядом с могилой был приспущен флаг 11-й интербригады. В мае 2000 года

я был в Берлине, встречался с его второй
женой, Ульрике; мы вместе возложили крас-
ные гвоздики на могилу моего немецкого друга
и соратника по службе в рядах советской
военной разведки.

ПОИСКИ НЕМЕЦКОЙ ТАНКОВОЙ АРМИИ

В ноябре-декабре 1944 года я выезжал в Юго-
славию для заброски разведгрупп в Австрию и
Германию по линии ГРУ ГШ и КГБ. В частности, мною была организована выброска в Слове-
нию группы австрийских коммунистов во главе
с членом Политбюро ЦК Компартии Австрии
Фридлом Фюренбергом для формирования на
югославо-австрийской границе первого австрийского антифашистского батальона (см. газету
«Правда» от 16.05.1972 г.).

Данное задание выполнялось совместно с
подполковником Н. К. Патрахальцевым, который в конце 1944 года был заброшен в югославский партизанский отряд, действовавший в Сло-
вении недалеко от австрийской границы. Он
принимал отправляемых нами на самолетах разведчиков и с надежными проводниками пере-
правлял их через границу в Австрию.

Помимо решения этой организационной задачи командованием Генштаба ему было поручено выяснить дислокацию одной танковой армии
вермахта. Дело в том, что танковая армия в результате передислокации убыла в неизвестном
для нас направлении, предположительно на гра-

69

ницу Австрии и Югославии. Для выполнения этого особого задания и выяснения обстановки Патрахальцев направил в Австрию несколько человек. Их поездка оказалась успешной, нам стало известно новое место дислокации этой армии, что в тот момент было очень важно.

За выполнение задания Н.К. Патрахальцев был удостоен высокой награды. Это задание ему пришлось выполнять зимой, в условиях, когда партизанский отряд под натиском войск противника вынужден был уходить с боями в другой район. Переходя речку, Патрахальцев чуть не утонул и сильно простудил ноги. Эта простуда сказалась после его ухода в запас в звании генерал-майора: последние 10 лет жизни он был буквально прикован к постели, так как обе ноги были парализованы. Скончался Николай Кириллович в 1998 году.

Патрахальцев был одним из немногих военных разведчиков, кто трижды, находясь на территории иностранного государства во время ведения военных действий, забрасывался при этом в тыл противника. Об операции на границе Югославии — Австрии уже было сказано. А вот в 1940 году, во время финской войны, он был заброшен в составе небольшой диверсионной группы за линию Маннергейма для выполнения разведывательных и диверсионных задач. В ходе операции был легко ранен, но благополучно вернулся через линию фронта в расположение советских частей. Участвовал в оперативной работе и в период боев на Халхин-Голе. Еще ранее, будучи военным советником в Испании в период Гражданской войны 1936—39 годов, он был заброшен с боевой группой республиканцев в тыл франкистских войск, выполнял разведзадания и организовал подрыв крепости — небольшого опорного пункта, малочисленный гарнизон которого был уничтожен или бежал с поля боя.

В 1996 году я был с делегацией РКВВ (Российского комитета ветеранов войны) в Испании и посещал те места, где воевал и Николай Кириллович. После возвращения в Москву я несколько раз встречался с ним, и он с большим интересом делился со мною воспоминаниями об Испании, а также слушал мой рассказ о поездке и посещении Мадрида, Севильи, Малаги и других городов.

Н.К.Патрахальцев был исключительно храбрым и талантливым разведчиком, хорошо профессионально подготовленным. Находясь на задании, он выполнял комплекс разных диверсионных и разведывательных задач. По первой военной специальности он был сапером, и его любимым выражением была фраза: «Сапер и разведчик не могут ни одного раза ошибиться, так как второго раза может и не быть».

Глава 4

Наш путь лежал к Берлину

СОЗДАНИЕ СПЕЦИАЛЬНОЙ РАЗВЕДГРУППЫ И ЕЕ ЗАДАЧИ

В декабре 1944 года для обеспечения будущих военных действий на берлинском, венском и пражском направлениях были созданы три специальных разведывательных группы.

Нашу группу, следующую на Берлин, возглавлял подполковник Александр Владимирович Руненко, по образованию и опыту военной службы — танкист[1], что имело немаловажное значение, поскольку мы были прикомандированы к 3-й гвардейской танковой армии. Я был назначен, будучи в звании капитана, помощником начальника этой группы, поскольку имел опыт оперативной работы в органах военной разведки с конца 1939 года, знал несколько иностранных языков.

Кроме нас первоначально в состав группы входили оперативные офицеры Евгений Молчанов и Иван Беляков, связисты Иван Жила, Раз-

---

[1] Окончил автотракторный техникум (1931) и бронетанковую школу (1932), командир роты. С 1940-го учился на разведывательном факультете Военной академии им. М. В. Фрунзе.

добутько и водители Журавлев и Поляков. В начале апреля в группу прибыл Георгий Барановский. В отдельные периоды состав группы возрастал до 10—15 человек. Половина группы состояла из офицеров разведки, остальные являлись обслуживающим и обеспечивающим персоналом, выполняющим вспомогательные задачи в интересах разведки. Весь оперативный состав группы имел опыт работы в разведке и в разной степени владел немецким языком.

Группе были поставлены следующие задачи:

1. Сбор, обработка и доклад Центру разведданных, необходимых для проведения предстоящих военных операций, в том числе и Берлинской стратегической операции.

2. Подбор, кратковременная подготовка и заброска с помощью фронтовой авиации разведгрупп на территорию Германии с целью обеспечения разведданными предстоящих операций.

3. Сбор сведений об оперативной обстановке в самой Германии и на оккупированных ею территориях Польши и Чехословакии, что было необходимо для ориентировки забрасываемых групп.

4. Сбор и отправка в Центр образцов легализационных документов и справочной литературы различного профиля, которые можно было бы использовать в интересах разведки.

В нашей группе имелось несколько автомашин типа «Студебекер», «Додж 3/4» и «Виллис». Одна из машин была оборудована в качестве передвижной радиостанции, которая имела постоянную связь с Москвой.

Группа выехала в направлении на Берлин своим ходом из Москвы по маршруту: Смоленск — Орша — Минск — Слуцк — Брест — Люблин — Радом — Краков — Бойтен (ныне Бытом). Весь путь занял у нас около 10 дней, поскольку автомашины шли медленно — колонной, по плохим разбитым дорогам, в самое холодное зимнее время да еще и в условиях войны. В Бойтене сделали продолжительную остановку, пробыв там около полутора месяцев.

В дальнейшем группа, прикомандированная к Разведотделу штаба 3-й гвардейской танковой армии, следовала с войсками 1-го Украинского фронта. По всем вопросам разведывательной деятельности группа подчинялась Центру. Дальнейший путь следования проходил через Лигниц — Хальбау (здесь одно время находился штаб 1-го Украинского фронта), далее Котбус — Тойпиц — Митенвальде — Тельтов — Целлендорф. Начальник группы и при необходимости ее оперативный состав поддерживали постоянный деловой контакт с начальником Разведотдела 1-го Украинского фронта генерал-майором И. Г. Ленчиком и его заместителем полковником И. Д. Бевзом, начальником Разведотдела 3-й гвардейской танковой армии полковником Л. М. Шулькиным. Последний производил впечатление эрудированного офицера. Он был профессионально подготовленным разведчиком, работал в 1935—1939 годах в Китае, в информационном отделе Разведупра ГШ, преподавал в разведшколе. Вместе с 3-й гвардейской танковой армией Шулькин прошел значительную часть пути до Берлина и Праги.

Разведмаршрут последнего года войны:
от Бреста до Берлина.

Встречаясь с Л.М.Шулькиным, мы обменивались разведданными, обсуждали проведение наших очередных оперативных мероприятий. По его просьбе ставили дополнительные задачи нашим оперативным офицерам и разведчикам, действовавшим в тылу противника. Перед каждым выездом непосредственно на передовую уточняли обстановку в соответствующем районе и наиболее рациональный путь следования. Это давало нам возможность избегать неожиданных «сюрпризов» и несчастных случаев. Нам постоянно по указанию Шулькина оказывалась помощь материально-технического характера, что в условиях фронта, особенно во время наступательных действий, имело неоценимое значение.

Контакты с командующим 3-й гвардейской танковой армией П. С. Рыбалко у нас были редки, учитывая его крайнюю занятость, а также то, что все необходимые нам вопросы решались в штабе армии. При встречах со мной он здоровался, так как до войны мы эпизодически встречались в Разведуправлении, где вместе служили; и кроме того, в Москве мы жили в одном доме. Он интересовался нашей работой и желал успеха в делах.

В моей памяти П. С. Рыбалко остался как высокопрофессиональный и хорошо образованный генерал, имевший разносторонний опыт командной, разведывательной и военно-дипломатической службы[1]. Необходимую требовательность и строгость он умело сочетал с доброжелательностью и отзывчивостью в отношениях с подчиненными. В личном плане он отличался скромностью и непритязательностью, чем не могли похвастаться некоторые его сослуживцы по армии. Единственно, что он мог себе позволить, как человек, влюбленный в автотехнику и умевший с ней прекрасно обращаться, так это ездить после войны на трофейной автомашине —

---

[1] Павел Семенович Рыбалко был военным советником в Китае (май 1934 — февраль 1936), военным атташе СССР в Польше (июнь 1937 — сентябрь 1939) и Китае (апрель — декабрь 1940).

его серебристый «Мерседес» мы часто видели во дворе нашего дома №13, на Плющихе. К сожалению, и этим он не смог в полной мере воспользоваться, так как болезнь и преждевременная смерть прервали его кипучую и полную энергии жизнь.

Весьма полезные советы и консультации давал нам генерал-майор Петров, прикомандированный к штабу 3-й гвардейской танковой армии от Главного оперативного управления Генштаба. Мы также поддерживали контакты с Разведотделом 21-й армии, разведчиками 282-й СД (стрелковой дивизии). Добрые услуги оказывал нам полковник Дубровицкий, выполнявший задания по линии 7-го отдела Главного политического управления. Были у нас контакты с Разведотделами и других армий, действовавших в составе 1-го Украинского фронта.

Поскольку я непосредственно отвечал за заброску по воздуху всех разведгрупп в Германию, то поддерживал постоянный контакт с командиром авиационной дивизии полковником Кожемякиным, самолеты которого мы использовали для десантирования наших парашютистов. Разрешение на подобную операцию давал командующий фронтом Маршал Советского Союза И. С. Конев или его заместитель.

Непосредственно у Конева для получения визы я был дважды. Он каждый раз подробно интересовался, как подготовлена операция и, в частности, имеют ли разведчики опыт прыжков с парашютом, как они проинструктированы по приземлению в данной местности, как обстоит дело с грузовыми парашютами, кто будет осуществлять выброску группы и каково знание ими места выброски. Он также интересовался маршрутом следования к намеченному объекту и действиями разведчиков во внештатных ситуациях. Поскольку все выброски проходили благополучно, то к нам он претензий не имел.

На последней встрече он увидел у меня американскую авторучку «Паркер» и сказал, что «она очень хорошо смотрелась бы в руках командующего фронтом, который держит путь на Берлин». Я, естественно, с ним согласился, и она немедленно перешла в руки командующего вместе с флакончиком специальных чернил. Прошло несколько лет, я был уже в звании полковника и встретился с маршалом на дипломатическом приеме. Он меня узнал, поздоровался и пожелал мне успехов по службе.

За несколько месяцев работы в начале 1945 года нами было заброшено на самолетах в Германию несколько разведгрупп, как подготовленных на месте, так и прибывших из Москвы. Остановимся более подробно на отдельных ярких эпизодах, связанных с заброской разведгрупп.

НЕОБЫЧНЫЙ ТЕЛЕФОННЫЙ РАЗГОВОР ЧЕРЕЗ ЛИНИЮ ФРОНТА

В феврале 1945 года, когда войска 3-й гвардейской танковой армии совместно с войсками других соседних армий овладели Верхнесилезским промышленным районом, меня срочно вызвали в штаб одной из дивизий. Я примерно догадывался о причине вызова, так как в этом обширном районе действовала наша разведгруппа во главе с Винцентом Поромбкой, радиосвязь с которым была утеряна летом 1944 года.

Мои предположения оправдались. В штабе дивизии меня встретил начальник разведки и сообщил, что в районе г. Забже (бывший Гинденбург) им оказал большую помощь человек, который представился командованию как советский разведчик.

А дело обстояло следующим образом. В районе городов Бытом (бывший Бойтен), Забже и Гливице (бывший Гляйвиц) гитлеровцы пытались создать линию обороны вдоль железной дороги Забже — Гливице, а город Забже превратить в сильный опорный пункт.

В. Поромбка в это время находился в городе Забже и вместе со своей подпольной группой ломал голову, каким образом передать советским войскам эти важные сведения. Перейти линию фронта не представлялось возможным. Тогда у него возник весьма оригинальный и смелый план. Одному из членов подпольной группы, А. Зауеру, было поручено восстановить телефонную связь между Забже и одним из соседних населенных пунктов, где уже находились советские войска. С этим заданием он успешно справился.

Поромбка, знавший русский язык, подошел к телефону и спросил по-русски, кто с ним говорит. В ответ последовало резкое требование, тоже на русском языке: «Отвечайте, кто вы такой?» Поромбка сказал, что он говорит от имени подпольной разведгруппы и пытается установить контакт с представителями Красной Армии, чтобы проинформировать о положении в городе Забже и окружающем районе. Тот же голос продолжил: «С вами говорит майор Красной Армии. Что вы можете сообщить?» Поромбка кратко изложил наиболее важные разведданные, так как он был ограничен во времени и боялся, что этот разговор засекут гитлеровцы. В конце разговора советский майор сказал: «Через несколько часов мы возьмем город, тогда посмотрим, правду ли вы говорите! Если вы — фашисты и думаете нас обмануть, могу посоветовать только одно: драпайте как можно скорее!»

На следующий день советские танки вошли в город Забже, заняв его в течение часа. Только на южной окраине они встретили сопротивление. Таким же образом, почти без боев, и город Бытом, и весь прилегающий район были освобождены от гитлеровцев. Все освобожденные города и промышленные предприятия в них не были разрушены. Проезжая тогда через них, мне даже не верилось, что здесь проходил фронт.

Это был один из редких случаев, когда важные разведданные были переданы по телефону через линию фронта по действующей телефонной связи. Через 20 минут я встретился с «виновником» вышеописанного случая, советским разведчиком Винцентом Поромбкой. После теплых дружеских объятий он стал мне рассказывать о своем почти двухгодичном пребывании в фашистской Германии, особенно о последних шести месяцах, когда он остался без связи. Но вначале несколько подробнее о нем самом.

УЧАСТНИК ИСПАНСКИХ СОБЫТИЙ. ПЕРВАЯ ВЫБРОСКА В ТЫЛ ГИТЛЕРОВСКИХ ВОЙСК

Винцент Поромбка родился в 1910 году в городе Забже, Верхняя Силезия (ныне Польская республика) в семье шахтера. По специальности слесарь, работал в забоях угольных шахт. В Коммунистической партии Германии (КПГ) с 1933 года. С 1933 по 1935 года находился в концлагере; в 1935—1936 годах — в эмиграции в Чехословакии. В 1936—1939 годах участвовал в боях в Испании, был комиссаром батальона имени Тельмана 11-й интернациональной бригады. В боях потерял глаз, получил пять ранений. В Испании познакомился с замечательным советским разведчиком Х. У.-Дж. Мамсуровым. В 1939 году эмигрировал в Советский Союз. В 1943 году как немецкий антифашист дал согласие на выполнение разведзаданий командования Красной Армии в гитлеровском тылу.

Встретившись теперь в штабе дивизии, мы вспомнили, как вечером 27 апреля 1943 года он вылетел вместе еще с двумя антифашистами на военно-транспортном самолете «СИ-47» с Внуковского аэродрома курсом на Восточную Пруссию. Помимо выброски разведчиков командир корабля имел задание на обратном пути приземлиться в районе действия одного из партизанских отрядов и выгрузить там оружие и боеприпасы. В то время каждый такой полет был в какой-то мере полетом в неизвестность, учитывая, что сотни километров приходилось лететь над территорией, занятой противником, дважды пересекать линию фронта, а сама выброска на парашютах могла преподнести любой сюрприз.

Несмотря на почти одновременную и хорошо ориентированную выброску трех разведчиков и двух грузовых парашютов, где находились личные вещи, продукты и радиостанции, их разбросало по местности, и на розыски людей и вещей потребовалось время. Кроме того, поскольку разведчики и груз были выброшены на старый густой лес, все парашюты застряли в кронах деревьев, и на их освобождение и затопление в яме с водой в условиях ночи потребовалось некоторое время. Руководил группой Поромбка. И здесь ему очень пригодилась и шахтерская смекалка, и боевой опыт, полученный в Испании.

Неприятным сюрпризом для Поромбки оказалось то, что его спутники, перед тем как разойтись в разные стороны для выполнения самостоятельных заданий, в спешке и темноте перепутали чемоданы. В результате у него вместо портативной рации оказался чужой чемодан с тяжелой радиостанцией типа «Джек». С этим чемоданом Поромбке пришлось выбираться на ближайшую железнодорожную станцию и делать ряд пересадок с поезда на поезд. Он беспокоился, что тяжелый чемодан мог вызывать у посторонних излишнее любопытство и подозрительность. Кроме того, возникло несколько сложных в психологическом плане ситуаций, когда на его глазах в поезде озверевшие нацисты избивали польского рабочего, а на станции полиция издевалась над советским военнопленным, сбежавшим из лагеря. Ему потребовались большие внутренние усилия, чтобы удержать себя и не вмешаться.

Выслушав его рассказ, я спросил Поромбку, каким образом ему удавалось преодолевать постоянно возникавшие во вражеской среде физические и моральные трудности. Он ответил, что, будучи шахтером, он привык к тяжелому шахтерскому труду, а морально закалил себя в период подпольной работы и во время пребывания в фашистских концлагерях.

Рассказывая о разведчике Винценте Поромбке и его шахтерской закалке, каждый раз вспоминаю еще одного военного офицера, бывшего также когда-то шахтером. В последние месяцы войны на берлинском направлении судьба меня свела со знаменитым комбатом из 3-й гвардейской танковой армии, Героем Советского Союза Николаем Ивановичем Горюшкиным. Речь о нем пойдет дальше, а пока продолжим рассказ о разведывательных перипетиях Поромбки.

ДЕЯТЕЛЬНОСТЬ ГРУППЫ ПОРОМБКИ В ВЕРХНЕЙ СИЛЕЗИИ. ОБРАЗЦЫ ВЫСОКОЙ КОНСПИРАЦИИ

Используя надежные связи, Поромбке удалось в 1943 году осесть в Верхнесилезском районе и передавать в Центр ценную военную информацию. Позднее он познакомил меня со своими помощниками-подпольщиками, которые помогали ему в сборе разведданных и решении организационных вопросов. Среди них ведущую роль играл Роман Лигендза, бывший депутат ландтага от КПГ, который имел большой опыт подпольной работы, особенно в области организации нелегальных переходов через германо-польскую границу. Большую помощь Поромбке оказывала также семейная пара Вальтер и Гертруда Вундерлих, которые предоставили свою квартиру для конспиративных встреч. Вопросами связи занимались А.Зауер и Э.Питуш. Это были убежденные антифашисты, которым удалось работать без провалов в условиях очень жесткого гестаповского режима.

У Поромбки было железное правило: каждый очередной радиосеанс проводить в новом месте и по возможности в новом населенном пункте. Пользуясь велосипедом и имея надежных помощников, он умело перемещался в пределах этого густонаселенного района. Иногда пользовался трамваями, которые соединяли в Верхней Силезии (так же как и в Рурском бассейне Германии) целые города и крупные поселки на протяжении более 100 километров. Кроме того, Поромбка часто менял одежду, внешний вид и даже походку. Для него были свойственны высокая конспиративность, находчивость, смелость и оперативность в выполнении заданий. Недаром помощники называли его «неуловимым Винцентом».

В Верхней Силезии Поромбка жил по разработанной в Центре легенде, имея надежные документы на вымышленные фамилию и имя. Он постоянно менял конспиративные квартиры, которые принадлежали надежным подпольщикам из числа местных шахтеров; по национальности это были немцы, поляки, чехи — всех их объединяла ненависть к фашизму.

В конце 1943 года в гестапо все-таки просочились сведения, что Поромбка появился в Верхней Силезии, но там не придали этому значения, так как имелись документальные данные, подтверждавшие его гибель еще в Испании.

На самом деле произошло следующее. Отправляясь в Испании на боевую операцию в тыл фалангистов, Поромбка отдал на сохранение свой бумажник с деньгами, личными документами и фотографиями одному немецкому антифашисту, бойцу интербригады. Последний вскоре погиб во время боя, а тело его захватили фалангисты, посчитав, что он-то и является В. Поромбкой. Этой информацией они поделились с гестаповцами.

В обратном немцы убедились лишь после провала в 1944 году подпольной группы в городе Руд, которую возглавлял Рудольф Кржищик.

В местном гестапо Рудольфа подвергли пыткам и узнали от него, что В. Поромбка каким-то образом остался жив и работает подпольно в Верхней Силезии.

Гестапо арестовало родителей Поромбки, его младшего брата; они были отправлены в концлагеря, из которых уже не вернулись. Во все местные организации НСДАП было отправлено циркулярное письмо о розыске Поромбки. Наконец, в его родном городе были расклеены объявления, в которых за его выдачу обещалось вознаграждение в размере 10 тысяч марок. Мне лично приходилось видеть обрывки этих объявлений на стенах домов в городе Забже после освобождения его советскими войсками.

В этих условиях Поромбка был вынужден прекратить радиосвязь; к тому же вышла из строя рация. Чтобы замести следы, перебрался в Чехословакию, а с приближением Красной Армии к его родным местам снова вернулся в Забже и продолжал подпольную работу. Вот каким образом возник «неизвестный» советский разведчик, сообщивший по телефону разведданные об обороне гитлеровцев в районе Забже.

ПОРОМБКА ЛЕТИТ СО СВОЕЙ ГРУППОЙ НА НОВОЕ ЗАДАНИЕ

Вскоре на одной из встреч я предложил Поромбке вместе с его помощниками Лигендзой и Питушем отправиться снова в тыл гитлеровских войск. Им предстояло освещать военную обстановку в районе Большого Берлина в ходе подготовки и проведения нашими войсками Берлинской операции. Ответом было безоговорочное согласие.

Через несколько недель состоялась выброска его группы, которая осуществлялась в сложных условиях. Штаб нашего авиационного корпуса и аэродром в районе польского города Жешува находились несколько дней в окружении банд местных националистов. Гарнизон аэродрома вел с ними бой до подхода нашей танковой бригады. Большую помощь в выброске группы нам оказал командир авиадивизии Кожемякин, аэродром которого находился вблизи села Хожелив в районе города Мелец.

Приземление группы состоялось в районе города Хемниц (в 1953—1990: Карл-Маркс-Штадт). На этот раз группа приземлилась компактно, минуя кроны высоких деревьев. Грузовых парашютов у них не было, что облегчило само приземление. Отличные легализационные документы, выданные им, как лицам, освобожденным от военной службы в вермахте в связи с инвалидностью и по возрасту, дали возможность без труда проехать в Берлин и устроиться там на временное жительство и миновать тотальную мобилизацию, когда в городе было введено осадное положение. Положительную роль сыграло их умение, как опытных подпольщиков, ориентироваться и действовать в сложной и непредсказуемой обстановке.

Группа приступила к выполнению задания по освещению военной обстановки в районе Большого Берлина; их сведения принимались по радио в Центре и оттуда в обобщенном виде передавались в штаб 1-го Украинского фронта.

В первых числах мая у меня состоялась встреча с разведгруппой Винцента Поромбки в одном из армейских штабов 1-го Украинского фронта, а накануне Дня Победы мы встретились в берлинском районе Лихтенберг. Можно представить, какой радостной была эта встреча. Эти славные разведчики внесли свой достойный вклад в ликвидацию фашистского режима.

Именно от них первых мы получили очень нужную информацию. Нашу военную разведку волновал следующий вопрос: все средства гитлеровской пропаганды сообщали, что во многих районах, занятых нашими войсками, вот-вот начнется настоящая диверсионно-партизанская война, к которой будут привлечены и подростки, и пожилые люди. По-немецки их называли «вервольфы», то есть оборотни. Эту информацию и подтвердила группа Поромбки, но, к счастью, диверсионно-партизанская война не развернулась: немцы были настолько деморализованы, что на подобные действия уже были неспособны.

После месячного отдыха В.Поромбке была поставлена задача нелегально выехать в одну из европейских стран и создать там новую разведгруппу. Он и на этот раз без колебаний дал согласие и проработал там непродолжительное время.

Умер В.Поромбка в Берлине в 1975 году в возрасте 65 лет. Сказались годы, проведенные на подпольной работе, пребывание в концлагере, а также участие в испанских событиях и напряженный труд разведчика в тылу гитлеровских войск. Роман Лигендза, который был старше Поромбки, скончался через несколько месяцев после Победы: во время прогулки в парке у него произошел разрыв сердца.

Я специально так подробно остановился на деятельности В.Поромбки, которым я непосредственно руководил, так как он являет собой пример стойкого антифашиста и интернационалиста, верного своему партийному долгу, а его жизнь представляет собой путь беспрестанной борьбы с фашизмом, как в открытом бою, так и в ходе скрытых разведдействий.

ДЕСАНТИРОВАНИЕ ДВУХ СТАРИКОВ ДЛЯ РАБОТЫ В БЕРЛИНЕ

Вспоминается мне еще одна заброска в район Берлина двух немецких эмигрантов-коммунистов, мужчины и женщины, которые, несмотря на солидный возраст (старше 65 лет) и болезни, согласились в интересах скорейшего разгрома гитлеризма десантироваться с самолета для нелегальной работы в Берлине. Она — радистка, была оформлена как вдова погибшего на Восточном фронте немецкого офицера в чине капитана; он — резидент, был оформлен как инвалид Первой мировой войны. У нас они фигурировали как группа «Два К», поскольку его фамилия Кашницкий, а ее — Кремер.

Забрасывались они в Восточную Пруссию; операция прошла благополучно. Тщательно было отобрано место выброски: вблизи него не было лесов. Командир корабля и инструктор ПДС (парашютно-десантной службы) были тщательно проинструктированы. Грузовой парашют не предусматривался; они имели с собой минимум вещей и портативную радиостанцию. Выброска осуществлялась при лунном освещении. В итоге приземление «Двух К» прошло более удачно, чем у некоторых молодых парашютистов.

Поставленные задачи они выполнили, хотя осложнения могли возникнуть из-за их взаимоотношений. Очевидно, в силу преклонного возраста у них часто возникали между собой споры, они беспричинно ворчали друг на друга, каждый хотел проявить свою самостоятельность.

В Берлине еще шли бои, когда мне пришлось встречаться с этой радисткой почти на линии фронта для получения важной информации по обстановке в Берлине. Сложность заключалась в том, что была вполне реальная опасность быть подстреленным с любой стороны фронта или с двух сторон одновременно.

Характерно, что после войны Кремер осталась жить в Берлине, сохранив все наши легализационные документы, по которым она являлась вдовой немецкого офицера из Гамбурга, где, по нашим дан-

ным, во время воздушного налета погибла вся его семья. К сожалению, после Победы наши «Два К» прожили недолго, сказался возраст и болезни.

КАПИТУЛЯЦИЯ НЕМЦЕВ В ГЛОГАУ И ПОДГОТОВЛЕННЫЙ ИМИ ДЛЯ НАС «СЮРПРИЗ»

На территории, занятой войсками 1-го Украинского фронта, немцам удалось хорошо закрепиться в двух городах, превращенных ими в крепости, — Бреслау (Вроцлав) и Глогау (Глогув). Глогау был взят штурмом после двухмесячной осады, еще до начала Берлинской операции, в которой участвовало три наших фронта. В город мы прибыли, когда проходила капитуляция немецкого гарнизона. Имелись сведения, что в крепости среди осажденных находились высокопоставленные немецкие военачальники. Их допрос нам следовало организовать сразу на месте пленения, однако эти данные не подтвердились. Кроме того, нам надо было подобрать в местном бургомистрате комплекты легализационных документов, которые нам всегда были необходимы. С этим заданием мы справились достаточно быстро и успешно.

После сдачи в плен немецких военнослужащих, оборонявших город, из подвалов многих домов города, уцелевших и частично разрушенных, стали выходить тысячи жителей. В основном это были старики, женщины и дети. Многие провели в подвалах последние несколько недель, поэтому вид у них был ужасный: одежда помятая, растрепанные волосы, истощенные и бледные лица, у стариков тряслись руки и ноги. Подозрительных лиц наши солдаты сразу задерживали, обыскивали, проверяли документы и при необходимости отправляли в комендатуру.

Аналогичная картина наблюдалась и при капитуляции гарнизона немцев в Бреслау. Разница заключалась лишь в том, что гарнизон в Бреслау капитулировал уже после взятия Берлина, был более многочисленным, а город был сильно разрушен. Гарнизон города Бреслау доставил нам много беспокойств, так как оттуда периодически обстреливалась автострада Краков — Берлин, по которой часто приходилось ездить для выполнения оперативных заданий. Мы, да и не только мы, старались в опасных местах проскакивать по автостраде главным образом в ночное время, когда обстрел прекращался, или днем при плохой видимости (снег, дождь, туман), развивая при этом максимальную скорость.

Вновь назначенный военный комендант взятого города Глогау устроил вечером, прямо в бургомистрате, который не был поврежден, банкет в честь взятия нашими войсками города. Всего на него было приглашено несколько десятков офицеров, среди них были командиры частей и подразделений, отличившихся при штурме города. Пригласили и представителей военной разведки: помимо меня еще подполковника Руненко и майора Молчанова.

Никто не предполагал, какой «сюрприз» подготовили нам гитлеровцы. Часть бутылок с отличным марочным вином, найденных в подвале бургомистрата, была отравлена, причем яд действовал не сразу, а через 30—40 минут — в зависимости от крепости человеческого организма и количества выпитого вина. Многие участники банкета были отправлены в госпиталь, где несколько человек скончались. Что касается нас, то двое отделались легким отравлением, а майор до конца дней своих страдал после этого язвой желудка, которая затем перешла в злокачественную опухоль.

ПРЕБЫВАНИЕ В ЛИГНИЦЕ. ГИБЕЛЬ НАШИХ ТАНКИСТОВ.

После пребывания в Бойтене (ныне Бытом) наша разведгруппа в течение последующих полутора месяцев, до апреля 1945 года, размещалась в городе Лигниц (ныне Легница). По соседству с нами базировалась танковая бригада 3-й гвардейской танковой армии, к которой мы были прикреплены по всем видам довольствия. Номер ее, к сожалению, не сохранился в моей памяти.

Передовая находилась не далее, чем в 10—12 км от этого места, в районе населенного пункта Яуер (Явор), где в период наступления было подбито несколько наших танков. В начале апреля немцы внезапно произвели артобстрел района дислокации этой танковой бригады; была повреждена кое-какая техника. Было убито и ранено несколько танкистов, которые все время были нашими соседями по столу в столовой. На следующий день их торжественно хоронили на отдельном участке городского кладбища, который буквально с каждым днем расширялся — по мере захоронения наших военнослужащих.

Во время артобстрела мы обратили внимание на очень точную пристрелку немцев и решили, что дело не обошлось без участия немецкого корректировщика, снабженного рацией. Решили проверить вместе с танкистами все чердаки домов этого микрорайона. И действительно, на одном из чердаков дома, расположенного почти рядом с домом, где разместилась наша разведгруппа, был пойман немецкий корректировщик с рацией. Танкисты хотели с ним тут же расправиться, но потом было решено отправить его к коменданту, где он был подробно допрошен, а уже потом расстрелян. Нам и танкистам пришлось вскоре передислоцироваться.

НА ВИЛЛЕ МАНШТЕЙНА

Изучив обстановку в городе Лигниц и побеседовав с местными жителями, мы выявили, что одна из богатых вилл в престижной части города принадлежит немецкому генерал-фельдмаршалу Эриху фон Манштейну. Было решено обследовать эту виллу, в которой к тому времени никто не жил.

Помимо жилых помещений на вилле имелось несколько специальных залов с коллекциями.

В одном из них размещалась коллекция моделей военных кораблей немецкого флота, которые участвовали в военных действиях в Первую мировую войну. Вдоль стен висели затененные фонари, окна были хорошо зашторены, что создавало атмосферу таинственности. В другом зале на стенах были прикреплены черепа оленей с шикарными рогами, вдоль стен размещались чучела медведей, волков, лисиц и прочих диких животных. В небольшом зале были размещены вещи хозяина виллы, на стенах висели его награды, почетное оружие, трофеи, захваченные во время военных действий. В столе мы обнаружили ряд документов, связанных с военными действиями гитлеровских войск в Польше в 1939 году.

Об этой вилле мы сообщили военному коменданту, и она была взята под охрану. Себе мы взяли на память меч с именной надписью, которым был награжден Манштейн за участие в одной из военных операций. Во всяком случае, не за ту неудачную операцию, когда он пытался деблокировать группировку Паулюса под Сталинградом. Пробыв почти полдня на этой вилле, мы решили после ее осмотра отдохнуть и даже перекусить, ведь первый раз в нашей военной жизни нам пришлось побывать в хоромах известного немецкого генерал-фельдмаршала. Включили еще целый радиоприемник типа «Телефункен». И неожиданно, без дополнительной настройки попали на московскую волну. В эту минуту по московскому радио звучал голос Левитана, который читал приказ Верховного Главнокомандующего по случаю взятия войсками, которыми командовали Жуков и Конев, ряда населенных пунктов на территории Германии. Это был хороший повод, чтобы поднять бокалы и произнести соответствующие тосты. Мог ли Манштейн, даже в кошмарном сне, представить, что трое советских разведчиков-генштабистов будут на его вилле выпивать в честь взятия советскими войсками ряда городов на территории Германии.

ОТДЕЛЬНЫЕ ЭПИЗОДЫ И ВСТРЕЧИ, ПРОИЗОШЕДШИЕ ВО ВРЕМЯ НАШИХ ПОЕЗДОК ПО 1-МУ УКРАИНСКОМУ ФРОНТУ

В период военных действий на территории Польши и Германии, а также накануне подготовки к Берлинской наступательной операции нам приходилось постоянно находиться в служебных командировках в районе не только действий 3-й гвардейской танковой армии, но и передвигаться по всей территории, где дислоцировались войска 1-го Украинского фронта. В общей сложности мы проехали за этот период около 10 тысяч километров, посетили более сотни городов и населенных пунктов. Вспоминается много ярких эпизодов и встреч, связанных с этими поездками. Вот некоторые из них.

Находясь в городе Бунцлау (Болеславец), мы посетили памятник М.И.Кутузову, установлен-

ный еще королем Пруссии Фридрихом Виль-
гельмом III в 1813 году на месте смерти полко-
водца. Этот символичный памятник находится в
двух километрах западнее города, на автодороге,
ведущей в Дрезден; установлен с правой стороны
дороги на небольшом возвышении. Характерная
деталь: при въезде в город на автодороге был
кем-то вывешен громадный транспарант с тек-
стом на русском языке — «Здесь жил и умер вели-
кий русский полководец М.И.Кутузов».

*Фотография этого памятника хранится в мо-
ем домашнем альбоме. Тогда я даже не мог представить, что через двадцать лет буду жить рядом с «Кутузовской избой» около Панорамы «Боро-
динская битва» в Москве, а дача будет находиться
недалеко от Бородинского поля.*

Бунцлау вспоминается также в связи с тем,
что именно там мы находились 19—20 апреля
1945 года — во время наступления советских
войск в направлении Дрездена. Период был напряженный, поскольку наступление разверну-
лось не сразу; и при этом польская дивизия в результате контрудара немцев оказалась в полуок-
ружении, так что и ее пришлось выручать нашим
войскам, и в первую очередь танкистам.

В городе Ченстохове, в блестящем освобож-
дении которого участвовала 23-я Гвардейская
Васильковская Краснознаменная ордена Суво-
рова мотострелковая дивизия, пришлось беседовать по свежим следам с бельгийскими и фран-
цузскими военнопленными, только что осво-

божденными. Казалось бы, какую интересную военную информацию можно получить от военнопленных, отрезанных от всего остального мира? Но в данном случае это оказалось не так, поскольку некоторые военнопленные располагали интересными сведениями о военной промышленности.

В городе Бобреке (Баборув) встретились со старым шахтером, работавшим на металлургическом предприятии (бывший «Юлиенхютте»), который рассказал о своей подпольной работе и оказании помощи советским военнопленным. В это же время побывали в двух шахтах в Бойтене (бывшие «Карстенгрубе» и «Гогенцоллернгрубе»), а также на металлургическом предприятии (бывшее «Доннерсмаркхютте») в Забже, где встречались с шахтерами разных национальностей — немцами, поляками и чехами. Все эти встречи и беседы были для нас очень полезны и, естественно, использовались нами при необходимости в нашей работе.

Совершенствуя свои знания об обстановке в так называемом Третьем рейхе, я посещал бывшие партийные и государственные учреждения. Как-то раз мы ознакомились с документами окружного комитета НСДАП и убедились, что агитационно-пропагандистская работа велась нацистами очень широко, при солидном финансовом обеспечении. Везде в окружкоме валялось огромное количество плакатов, листовок, воззваний, объявлений, транспарантов с паучьей свастикой и прочей агитационной литературы. Изучая эти материалы, мы убедились, что нацисты не гнушались ничем: применялся и наглый обман, и передергивание фактов, и провокационные заявления.

Тут же нами были обнаружены впрок заготовленные удостоверения, которые должны были вручаться членам народного ополчения, в основном подросткам и старикам. Обнаружены были также секретные циркуляры о создании сети так называемых «вервольфов» (людей-оборотней), предназначенных для ведения диверсионно-партизанских действий. Поскольку гитлеровская пропаганда громогласно твердила, что отряды их ополчения и партизанские группы превзойдут по своей организованности и массовости советские, нас очень интересовал вопрос, как же дело будет обстоять на самом деле во время боев на территории Германии. Поэтому мы собирали подробные сведения по этому вопросу, используя допросы взятых в плен фольксштурмистов и «вервольфов», а в местных тюрьмах допрашивали арестованных местных нацистских лидеров, которым было поручена организация этого дела. Полученная информация подтверждала данные разведгруппы Поромбки. Как уже отмечалось, план Гитлера о диверсионно-партизанских действиях провалился.

Участвовали мы также и при вскрытии сейфов в местном отделе гестапо, из которых на наших глазах извлекались списки многочисленных агентов тайной полиции. Эта деятельность, как и нацистская пропаганда, проводилась широкомасштабно. Именно на этих двух «столпах» и держалось до поры до времени гитлеровское государство.

При посещении бургомистрата в Забже мы еще раз убедились в исключительно четкой работе немецких административных учреждений. Посетили полицейский, финансовый, налоговый и другие отделы, беседовали с сотрудниками. На всех участках ручной труд был по возможности механизирован; документы посетителям оформлялись быстро. Однако это не исключало бюрократической волокиты в чисто немецком варианте, т.е. излишнего педантизма.

А вот эпизод, имевший место во время наступления советских войск в Верхней Силезии. Вскоре после освобождения района вокруг Забже мы посетили мужской католический монастырь, встретились с его настоятелем. Вначале он отнесся к нам очень настороженно, но в дальнейшем его настроение изменилось. Настоятель показал весь монастырь, в том числе и секретные, глубоко под землей расположенные подвалы, в которых в период немецкой оккупации скрывались участники Сопротивления. По нашим подсчетам, там можно было без труда разместить не менее батальона. Монастырь, как сказал священник, хранил в хорошо замаскированных подвалах в дни оккупации значительные запасы продовольствия, которых хватило на продолжительное время. Теперь нам стало ясно, каким образом Винцент Поромбка и его группа смогли в течение продолжительного времени вести здесь подпольную работу.

Весьма прискорбный случай произошел с нами в польском городе Мелец, куда мы прибыли втроем на армейском «Виллисе» поздно ночью. В поисках комендатуры мы, не зная города, остановились в 300 метрах от нее и стали спрашивать встречного прохожего о том, как проехать в комендатуру. В ответ получили несколько выстрелов в упор, которые, к счастью, пробили лишь обшивку автомашины. Прохожий был задержан и передан в комендатуру; он оказался местным националистом, который совершал в городе подобные диверсионные акты и ранее. После этого случая мы исключили одиночные поездки в вечернее и ночное время, а при острой необходимости совершали их в составе автомобильной колонны.

Надо сказать, что почти вся наша деятельность на фронте проходила в экстремальных условиях. Это и бомбардировки немецкой авиации, и артобстрелы, и самые разные непредвиденные и сложные ситуации при выполнении заданий непосредственно на линии фронта. Пару раз случалось так, что лишь благодаря нашей расторопности удавалось в последнюю минуту избежать окружения со стороны немцев, как это было в середине апреля 1945 года в районе городов Бунцлау и Тойпиц. Дважды мы были на грани гибели, когда удавалось затормозить машину буквально в одном метре от подорванного на автодороге моста или поспешно заложенной мины на проселочной дороге. Вспоминается и сюрприз с вином, преподнесенный нам в крепости Глогау. Короче говоря, «на войне как на войне».

БОИ В РАЙОНЕ ЦОССЕНА И ТОЙПИЦА. НЕУДАЧНЫЕ ПОИСКИ ГИТЛЕРА

В период проведения Берлинской операции 23-я гвардейская мотострелковая бригада 3-й гвардейской танковой армии под командованием уже упоминавшегося майора Н. И. Горюшкина встретила крайне упорное сопротивление в боях за город Цоссен. На подступах к городу был создан сильный оборонительный узел, город обороняли войска СС при поддержке танков и артиллерии. В ходе боев в городе немцы не без успеха контратаковали, пытаясь окружить наших гвардейцев.

Упорное сопротивление гитлеровцев объяснялось и некоторыми другими причинами. В районе Цоссена находился один из подземных командных пунктов Гитлера. Наши разведчики разных уровней не располагали достаточно полными данными о нем. Из допросов военнопленных, захваченных в ходе боев за Цоссен, и из рассказов местных жителей следовало, что именно в этом подземном командном пункте незадолго до боев находился сам фюрер, но ему, по словам этих людей, удалось благополучно оттуда скрыться (но он продлил свою жизнь всего лишь на десяток дней).

Вскоре мы получили другие сведения от немецких коммунистов, которые требовали немедленной и тщательной проверки сообщаемых фактов. Согласно их сведениям, в районе города Тойпиц, где в ожесточенных боях была уничтожена часть Котбусской группировки немцев, пытавшейся прорваться на юго-запад, в местном военном госпитале якобы скрывается Гитлер — под видом солдата, тяжело раненного в лицо.

Мы безотлагательно следуем в район Тойпица. Здесь в лесу видны следы грандиозного побоища. Повсюду разбросаны или нагромождены разбитые автомашины, повозки, военная техника, вокруг этих куч искореженного металла и вдоль близлежащих проселочных дорог лежат тысячи трупов немецких солдат. Из некоторых нагромождений немецкие санитарные команды под охраной наших солдат вытаскивают раненых немцев. О захоронении трупов пока нет и речи.

Передвижение наших войск по проселочным дорогам местами затруднялось из-за возникших пожаров, которые быстро распространялись по сухой подстилке в сосновых лесах. Причинами пожаров могло быть небрежное обращение с огнем (с обеих сторон) в условиях военных действий, передвижения военной техники (как нашей, так и немецкой), а также в отдельных случаях и диверсии со стороны противника.

Дым заволакивал узкие проселочные дороги, ухудшал видимость. Приходилось значительно снижать скорость движения. Все это вынуждало соблюдать осторожность по ходу движения, к тому же в лесах находилось множество выходящих из окружения немцев. В этих условиях солдатам приходилось дышать через мокрые тряпки, так как в преддверии Победы во многих противогазных сумках могло находиться что угодно, любой скарб, за исключением самих противогазов.

В такой обстановке мы выехали в госпиталь, куда свозили немецких раненых. Прибыв на место, мы тотчас же приняли участие в поэтапном прочесывании всех корпусов и палат госпиталя, который был окружен нашими автоматчиками. Всех раненных в лицо тщательно осматривали и при необходимости требовали в присутствии немецкого врача снимать повязки.

Оперативная группа, которая вместе с нами занималась поисками Гитлера, работала, естественно, в крайне напряженном и возбужденном состоянии. Ведь какой удачей было бы для нас, разведчиков, а также участвующих в операции контрразведчиков СМЕРШ (смерть шпионам)[1] в конце войны собственноручно обнаружить среди раненых злейшего врага человечества, имя которого проклиналось на разных языках многими миллионами людей всего мира.

_____
[1] Главное управление контрразведки НКО СССР.

К нашему превеликому огорчению, Гитлера мы не обнаружили, но было разоблачено несколько эсэсовских офицеров, успевших переодеться в форму военнослужащих вермахта.

БОИ ЗА БЕРЛИН

К 25 апреля 1945 года танковые части 3-й гвардейской танковой армии уже находились в западных пригородах Берлина. Здесь же была и передовая часть нашей оперативной группы, прикомандированной к разведотделу штаба этой армии. Наша «четверка», помимо меня, включала начальника группы подполковника А. А. Руненко, старшего лейтенанта Г. П. Барановского[1] и шофера Журавлева.

Фашисты отчаянно сопротивлялись на западной окраине Берлина; стрелковые подразделения вели бой за каждый дом. Бои шли также под землей, в тоннелях метро и подземных коллекторах. Часть тоннелей по указанию Гитлера была затоплена водой, спущенной из шлюзов, при этом погибло много мирных жителей.

На центральной улице города Унтер ден Линден к концу боев лежали сотни убитых наших и немецких солдат. Похоронные команды не успевали убирать и вывозить трупы. Многие кварталы в центре города были превращены в развали-

---

[1] В 1963 г. Георгий Павлович — 1-й секретарь посольства СССР в Швеции, куратор Стига Веннерстрема, известного советского разведчика, полковника шведской армии.

ны, из которых шел интенсивный трупный запах и резкий запах газа, проникавшего из поврежденных коммуникаций. В таком же состоянии находилась одна из длиннейших магистралей города, Франкфуртераллее (в восточной части Берлина), пролегающая в западном направлении.

На стенах многих домов все еще виднелись пропагандистские лозунги, которые потеряли теперь всякий смысл и являлись только немыми свидетелями уже завершившейся эпохи в жизни Германии. Например, надпись: «Дер фаинд хёрт мит» — «Враг подслушивает».

В уцелевших кварталах в окнах были вывешены белые флаги в знак капитуляции. Из некоторых развалин выползали или выходили уже безоружные пожилые немецкие солдаты и спрашивали на смеси русского и немецкого языков: «Во ист дер плен?» — что означало «Где находится плен?»

Возле убитых артиллерийских лошадей, так называемых тяжеловесов-битюгов, которые валялись на улицах, выстраивались очереди из женщин и стариков, надеющихся приобрести хотя бы один-два килограмма конины, пусть и несвежей. При этом соблюдался полный порядок.

На сборных пунктах развевались самодельные национальные флаги — французский, бельгийский, югославский, чешский, польский и другие; сюда собирались тысячи иностранных рабочих, насильственно угнанных в Германию из многих европейских стран. К тележкам, на которых они везли свой нехитрый скарб, тоже были прикреплены маленькие национальные флажки.

ЗАСАДА НА ДАЧЕ ГЕББЕЛЬСА

В первых числах мая к нам поступили сведения, что на даче Геббельса, в районе Круме Ланке, должны собраться некоторые нацистские лидеры, в том числе и Борман, чтобы оттуда вместе продвигаться на запад. Мы решили проверить эти сведния и поехали на дачу Геббельса, где застали бывшую няньку, ухаживавшую ранее за его пятью дочерьми и сыном. Она подтвердила эти сведения и сказала, что она что-то слышала об этом еще за несколько дней до самоубийства Гитлера.

На даче было очень много точек для прослушивания радиопередач, их смонтировали во всех комнатах, коридорах, холлах, прихожих, ванных и даже туалетах. Я спросил няньку семьи Геббельса, зачем ему понадобилось столько радиоточек. Она ответила, что «д-р Геббельс должен был быть все время в курсе того, как ведется пропаганда его ведомством».

Мы обнаружили также множество игрушек, особенно пластмассовых кукол, все это добро мы довольно быстро раздали семейным солдатам-танкистам, бригада которых размещалась поблизости.

Наша контрразведка держала на даче в течение двух недель круглосуточную засаду. В качестве «приманки» была оставлена вышеупомянутая нянька. Борман, конечно, там не появился, но несколько мелких правительственных и партийных чиновников возле дачи было задержано. Что же касается Бормана, то его судьба до сих пор точно неизвестна.

НАШ ПУТЬ ПРИВЕЛ К ПОБЕДЕ. ПОСЛЕДНЯЯ ВСТРЕЧА В ШТАБЕ ТРЕТЬЕЙ ТАНКОВОЙ АРМИИ

В конце войны разведотдел 3-й гвардейской танковой армии размещался в западной части Берлина, в фешенебельном аристократическом районе — Целлендорфе, застроенном богатыми виллами и коттеджами, которые окружали ухоженные сады. Наша разведгруппа разместилась поблизости — в пустующем трехэтажном особняке, принадлежавшем в прошлом нацистскому министру, Функу. В отличие от виллы Манштейна, в этом современном особняке все было подчинено задаче обеспечения максимального комфорта его бывшим хозяевам.

С точки зрения конспирации это был не лучший вариант подбора здания. Но мы были приписаны к разведотделу штаба 3-й гвардейской танковой армии, которая расквартировалась в западных пригородах Берлина.

Вспоминается один памятный вечер, когда в разведотделе 3-й танковой собралось его командование во главе с полковником Л. М. Шулькиным и оперативный состав нашей разведгруппы. Присутствовал также генерал-майор Петров, прикомандированный из Главного оперативного управления Генштаба. Все ожидали сообщения по радио из Москвы о взятии Берлина. Вскоре мы услышали знакомый голос Левитана, который зачитал очередной приказ Верховного Главнокомандующего.

Долго после этого мы не могли разойтись, каждый вспоминал свой личный путь, приведший его к Берлину. Я тоже перебирал в памяти разные события, вспомнил первый день войны, 22 июня 1941 года, который застал меня, тогда еще начинающего разведчика, в Каунасе, первые бомбардировки...

Недолог был наш совместный путь с разведчиками 3-й гвардейской танковой армии к Берлину и к Победе — он длился всего несколько месяцев, но они были насыщены многими яркими событиями, о некоторых из них я и рассказал. Командование армии получило приказ продолжать наступление и освободить Прагу, а мы остались в Целлендорфе. У нас остались теплые воспоминания о контактах с ее разведчиками и командованием, офицерами и солдатами, которые внесли свой весомый вклад в дело разгрома фашизма.

К 4 мая окончательно завершились бои в Берлине. Вскоре капитулировали немецкие войска в Чехословакии, в Прибалтике, сдался осажденный город Бреслау. Был подписан акт о капитуляции Германии в Карлсхорсте.

Передовая часть нашей разведгруппы, наша «четверка», которая прибыла выполнять задания в еще воюющий Берлин, оставалась в Целлендорфе до июля 1945 года — до тех пор, пока этот район не был включен в американский сектор оккупации города. Вспоминается, как через несколько дней после взятия Берлина, мы оставили внутри немецкой башни, известной как Зигесзойле, воздвигнутой по случаю победы немцев в 1870 года над французами, свои памятные надписи. Я расписался так: «Капитан Бочкарев из Киева».

Глава 5

Встречи в послевоенной Германии

РЕШЕНИЕ ОПЕРАТИВНЫХ ЗАДАЧ В БЕРЛИНЕ

Итак, первые дни мая 1945 года в Берлине оказались для нас до предела насыщены событиями. Тогда помимо серии встреч с разведгруппой Винцента Поромбки и с другой группой в составе уже упомянутых Кремер и Кашницкого, у нас появились и новые агентурные контакты.

Числа 7 мая нашей «четверке» пришло подкрепление — в Целлендорф прибыла остальная часть оперативной группы, которая до этого находилась в городе Лигниц.

9 мая, то есть в День Победы из Москвы на военно-транспортном самолете прибыла группа оперативных офицеров, во главе которой были генерал-майоры И. А. Большаков[1] и А. А. Коновалов[2]. Было решено сразу же отметить подпи-

---

[1] Иван Алексеевич в военной разведке с 1937 года. В период Великой Отечественной войны начальник 1-го (европейского) управления ГРУ. После войны — один из руководителей ГУ.

[2] Алексей Андрианович служил в Разведупре с 1935-го. Начальник отдела военно-технической разведки (1939—1941). В период Великой Отечественной работал в армейской разведке. С 1945-го — начальник ряда управлений ГРУ.

санную капитуляцию Германии и приезд нашей группы. Быстро нанятый персонал подготовил праздничный обед. После обеда многие отправились на крышу особняка и начали салютовать из имеющихся пистолетов и автоматов. Я всю войну пользовался «вальтером» и не отставал от других. Подобная стрельба слышалась повсюду. В Берлине было сосредоточено более миллиона советских военнослужащих, которые отмечали День Победы. Это событие навсегда осталось в нашей памяти.

Первые недели и даже месяцы офицеры нашей разведгруппы, помимо других дел, изучали районы Берлина. Это было непросто, особенно в сильно разрушенных кварталах, где можно было столкнуться с чем и с кем угодно.

Несмотря на сложные обстоятельства, мне в мае 1945 года удалось оформить две скороспелые вербовки, которые тем не менее себя оправдали. Когда мы заняли для нужд нашей опергруппы виллу министра финансов Функа в Целлендорфе, я в интересах безопасности решил выяснить, что из себя представляют немцы, живущие поблизости.

Во время этого обхода я познакомился с пожилым немцем, внешний вид и выправка которого свидетельствовала о принадлежности его к военной службе. Встретил он меня очень настороженно, время от времени покручивая головой. Мне эти движения показались странными, но я отнес их на счет его нервного состояния: он, очевидно, боялся, что его могут взять в плен. Я разговаривал с ним еще несколько раз, и наконец он мне признался, что был кадровым военным, дослужился до звания капитана 1-го ранга, а последние годы проходил службу в дешифровальном отделе ВМС Германии.

Как следовало из его слов, этот отдел ведал

Основные места командировок в послевоенной Германии (Советская зона).

дешифровкой радиограмм, выходивших в эфир во время передач английских радиостанций. Он также признался мне, что уже был готов покончить жизнь самоубийством, когда я ранее приходил к нему в военной форме и с оружием. Для такого случая у него в воротнике рубашки была зашита капсула с цианистым калием. Я успокоил капитана, попросил его более подробно рассказать о себе. После доклада о сложившейся ситуации прибывшим из Москвы генералам, а также в Центр было принято решение оформить его вербовку, что я и сделал. Капитан согласился также выехать в Москву для более квалифицированной (по его специальности) беседы с нашим специалистом. Через некоторое время он улетел. Результаты дальнейшей работы с ним мне неизвестны, что естественно в условиях конспирации.

Точно таким же способом я познакомился с крупным инженером, работавшим на берлинском шарикоподшипниковом заводе, пострадавшем во время воздушных бомбардировок и военных действий в городе. Он меня заинтересовал потому, что инженеры подобных заводов имеют постоянные служебные контакты с другими крупными промышленными предприятиями, куда поставляется их продукция. После того как он дал согласие по нашему заданию выехать в американскую зону Германии и устроиться там на крупный действующий шарикоподшипниковый завод, была оформлена его вербовка, и связь с ним в дальнейшем действовала нормально.

ТРИ НЕДЕЛИ ЗА РУЛЕМ АМЕРИКАНСКОЙ ВОЕННОЙ АВТОМАШИНЫ

В начале мая 1945 года после окончания войны меня и еще одного оперативного офицера, работавшего ранее в западных странах, направили в командировку в ту западную часть Германии, в которой временно размещались союзнические войска и которая должна была вскоре отойти к советской зоне. План операции был утвержден генералом А. А. Коноваловым.

Нам была дана наводка на командира одной небольшой американской войсковой части, в распоряжении которой находились легковые автомашины военного образца. Этот офицер характеризовался как дружественно настроенный к нашей стране человек. Поводом для встречи с ним, а также и с другими командирами частей и подразделений союзников было наше желание ознакомиться с казарменным фондом, который должен был отойти к нам, а также выяснить возможность получить кое-что из их автопарка.

Мы провели с командиром этой части несколько бесед, поближе познакомились и попросили конфиденциально оказать помощь следующего характера. В интересах получения более полных данных о процессе демилитаризации и денацификации фашистской Германии и выяснения обстановки в ранее оккупированных ею западных странах, нам необходимо получить сроком на две-три недели военную легковую автомашину с полным комплектом документов на нее, а также офицерские документы и командировочные предписания для наших людей с указанием мест командировки. Офицеры этой части часто выезжали за пределы Западной Германии, поэтому их командир мог выдать такие предписания. После некоторого раздумья он дал свое согласие.

После различных технических процедур мы получили необходимую документацию. Наш офицер, долгое время живший на Западе и в совершенстве владевший английским языком, отправился в поездку по Западной Германии, Дании, Бельгии, Голландии, Франции, Западной Австрии и Италии сроком на три недели. В качестве шофера поехал также наш работник, который выдавал себя за перемещенное лицо.

Поездка прошла вполне успешно, были собраны ценные данные о дислокации союзных и еще не расформированных плененных фашистских войск, по театру военных действий и агентурной обстановке. По возвращении мы вернули по назначению машину, а документы на лиц, совершавших поездку, и командировочные предписания оставили себе. Поскольку часть предназначалась к переформированию, командир части не возражал. Осложнений у него не возникло, и все закончилось благополучно.

ДЕЙСТВИЯ ОПЕРГРУППЫ В СОВЕТСКОЙ ОККУПАЦИОННОЙ ЗОНЕ

В июле 1945 года были окончательно установлены границы четырех секторов, на которые был разделен Берлин, и в них разместились войска четырех держав — победительниц во Второй мировой войне — СССР, США, Англии и Франции. После этого были определены и конкретные задачи нашей действующей опергруппы, которая впоследствии была заменена штатным составом вновь созданных разведучреждений и другими «инстанциями» под прикрытием разных советских организаций. Одновременно и в самих западных зонах были созданы соответствующие официальные военные и другие миссии, которым была поставлена задача вести военную разведку.

В это же время нам пришлось покинуть виллу в Целлендорфе и переехать в населенный пункт вне пределов Большого Берлина. Это был упоминаемый ранее город Цойтен, расположенный на большом живописном озере Цойтенерзее. В нашем распоряжении было несколько лодок, которые можно было использовать для служебной надобности.

Нам была поставлена задача как следует изучить обстановку в советской оккупационной зоне Германии. Мы посетили почти все крупные города — Дрезден, Герлиц, Лейпциг, Хемниц, Веймар, Эрфурт, Готу, Магдебург, Шверин, Висмар, Росток, Штральзунд и другие.

При этом возникали и курьезные ситуации. В начале сентября я получил задание срочно выехать в город Галле — там якобы живет известный изобретатель, который прислал письмо в центральную советскую комендатуру в Берлине. В нем он сообщил, что нашел способ превращать угольную пыль в антрацит. Я выехал туда вместе со специалистом наркомата угольной промышленности. Быстро находим адрес, знакомимся с писавшим письмо человеком. У него умное лицо, приятная внешность. Он приглашает нас к себе в кабинет и начинает увлеченно рассказывать о себе и своем изобретении. Однако нам бросается в глаза несколько неестественный блеск в глазах и возникает подозрение, а здоров ли он. После беседы едем в немецкий магистрат и узнаем, что это действительно очень талантливый инженер, который был репрессирован гитлеровцами, после чего потерял рассудок.

Некоторые наши поездки одновременно носили и познавательный характер. В районе Эйзенаха мы посетили знаменитый замок Вартбург курфюрста Фридриха Саксонского. В залах этого замка Ференц Лист давал свои первые концерты. В средние века в замке часто выступали и певцы, но при этом существовал страшный порядок: если певец плохо пел, то его могли приговорить к смертной казни или бросить в подземелье на съедение львам. В этом же замке укрывался от преследований католической церкви Мартин Лютер, основатель немецкого протестантизма (лютеранства). Его келья, где он писал тезисы нового религиозного учения, внутри вся замазана чернилами. Из атрибутов средневековой жизни замка нам показали специальные ремни для соблюдения женщинами невинности (по-немецки «койшримен»); они укреплялись на туловище женщин, мужья которых отправлялись на долгое время в рыцарские крестовые походы.

В одной из поездок мы знакомились с городом Ораниенбург. Именно в этом старинном городе жил известный химик Рудольф Рунге. В городе с незапамятных времен производили различные химикаты, именно там был построен крупный химический завод имени Рунге. Старинный замок в окрестностях города во время войны также использовался для изготовления химических веществ.

В нескольких километрах от Ораниенбурга находился бывший концлагерь Заксенхаузен, где фашисты уничтожили несколько сотен тысяч человек. У входа в лагерь был установлен большой обелиск, на котором изображен красный треугольник. Такие треугольники нашивались на одежду заключенных. За обелиском полукругом было поставлено 16 щитов — по числу существовавших ранее бараков.

Поблизости был и город Грейфсвальд, известный тем, что в 1945 году комендант объявил его открытым городом, и поэтому он не был разрушен. Первым советским комендантом города стал начальник разведки 2-й Ударной армии П. М. Синеский. Мы побывали и в этом городе студентов, поскольку в центре его размещается один из крупнейших университетов Германии.

ЗНАКОМСТВО С ОЛЬГОЙ ЧЕХОВОЙ В БЕРЛИНЕ И СЕМЬЕЙ КНИППЕР-ЧЕХОВЫХ В МОСКВЕ

В июле 1945 года я по служебным делам был в советской центральной военной комендатуре в Берлине и присутствовал при вручении охранного свидетельства знаменитой немецкой драматической актрисе театра и кино Ольге Чеховой (немцы произносили эту фамилию с ударением на букву «о»). В охранном свидетельстве, исполненном на двух языках, предлагалось оказывать ей необходимое содействие соответствующим властям. Это было сделано только в июле, так как с начала мая по конец июня Ольга Чехова находилась в Москве, куда была приглашена в гости властями СССР.

Она была племянницей известной народной артистки СССР Ольги Леонардовны Книппер-Чеховой, которая была замужем за писателем Антоном Павловичем Чеховым. Сама Ольга Чехова когда-то была замужем за племянником А.П.Чехова, Михаилом Чеховым, с которым развелась еще в 1917 году. В целях получения кинематографического образования она в 1922 году выехала в Берлин, где и осталась на постоянное жительство. В 1936 году получила звание государственной актрисы Германии.

После того как Ольга Чехова в моем присутствии получила охранное свидетельство, она пригласила меня, как офицера комендатуры, посетить драматический театр, в котором играла ведущую роль. Несмотря на уже немолодой возраст, она выглядела очень красивой, интеллигентной и изящно одетой женщиной, знающей себе цену.

Первым спектаклем, на который я попал, была «Нора» (в литературном варианте «Кукольный дом») Г.Ибсена, где она играла главную роль. Ее игру можно было сравнить только с игрой наших двух замечательных актрис — Алисы Коонен и Аллы Тарасовой. Об этом своем впечатлении я ей и сказал, навестив ее после спектакля. Был я также и на других спектаклях, в которых она играла. Посещая театры, я, помимо отдыха, преследовал также цель завести в послевоенном Берлине полезные знакомства. Как мне было известно, к службе в военной разведке Ольга Чехова никакого отношения не имела.

Много лет позже, где-то в начале 1990-х годов я был приглашен своей старшей внучкой Яниной Хлыстовой на один спектакль, где она выступала, в Молодежную театр-студию на Старом Арбате, которой руководил племянник Ольги Леонардовны Книппер-Чеховой, Владимир Книппер. После спектакля внучка меня с ним познакомила, и, когда он узнал о моем знакомстве с Ольгой Чеховой, он проникся ко мне уважением, и мы стали хорошими знакомыми. Причем он был в курсе моей допенсионной деятельности.

Вскоре он подарил мне книгу «Пора галлюцинаций», где он писал о моем знакомстве с ним. От него я узнал две интересные вещи об Ольге Чеховой. В первые дни после нападения гитлеровской Германии на СССР Ольга Чехова была на приеме у Гитлера. Она сидела в зале в первом ряду между Гитлером и Геббельсом (это хорошо видно на сохранившейся фотографии). Гитлер спросил ее, когда и как, по ее предположению, закончится война с русскими. Подумав, она уверенно ответила, что война закончится не скоро, но русские будут в Берлине, как это уже однажды случилось. Сидящие с ней рядом лица не ожидали такого смелого ответа и были шокированы. Они стали доказывать обратное. Особенно возмущался Геббельс, с тех пор он возненавидел ее.

Самое примечательное, что ее не подвергли репрессиям, но приглашали после этого на разные мероприятия значительно реже. Некоторые западные СМИ после окончания войны пытались из этого факта сделать вывод, что Чехова была полезным человеком для вождей двух государств. Примечателен один эпизод: однажды, будучи недовольным Риббентропом, Гитлер заявил, что дипломатии ему следовало бы учиться у русской женщины, Ольги Чеховой.

Она умерла в Германии в 1980 году в довольно почтенном возрасте, а Владимир Книппер скончался в 1991 году; его урна в моем присутствии была захоронена на Новодевичьем кладбище вблизи могилы А.П.Чехова.

НОВЫЕ ЗАДАЧИ
СОВЕТСКОЙ РЕЗИДЕНТУРЫ В ГЕРМАНИИ

С осени 1945 года и в последующие годы, в условиях начавшейся «холодной войны», нашей опергруппе, а практически уже резидентуре, были поставлены новые задачи. Они заключались в отслеживании хода и реального осуществления запланированных мероприятий по денацификации и демилитаризации Западной Германии. Наглядным примером обратного была ситуация в Шлезвиг-Гольштейне, где англичане пытались некоторое время сохранять немецкие войска в полном составе, нарушая соглашение о капитуляции. Нас также интересовала военно-политическая обстановка во всех зонах, дислокация и состояние размещенных там оккупационных войск.

Основным организатором этой колоссальной и сложной работы был генерал-майор А. А. Коновалов, в подчинении которого я находился ряд лет еще во время войны и после ее окончания. Он был безраздельно погружен в свою профессию военного разведчика, отдавая ей все свои знания, силы и здоровье. Это был исключительно трудолюбивый, требовательный и профессионально подготовленный работник. Подчас им разрабатывались очень интересные и результативные агентурные операции. В личном плане он был скромным и неприхотливым человеком, не лишен был чувства юмора. Наши оперативные офицеры часто вспоминали одну его резолюцию, написанную на отчете подполковника Карпухина, который сорвал важную встречу: «Ваша память напоминает мне сито, через которое могут просеиваться и довольно крупные предметы». К сожалению, в связи с большими перегрузками А. А. Коновалов довольно рано ушел из жизни: он скончался в 1985 году.

Много полезного я позаимствовал в разных областях оперативной работы в ходе постоянного и активного общения с такими высококвалифицированными офицерами, как полковники М. А. Груздев, Н. И. Шечков и Ф. И. Парийчук. Мы вместе с Ф. И. Парийчуком проехали на одной автомашине по Германии более десяти тысяч километров и выполнили ряд важных заданий.

Мой рабочий месяц распределялся в то время следующим образом: дважды я выезжал в поездки по зоне на расстояние до 900 километров, при этом количество проведенных встреч было значительным. Однажды обстоятельства вынудили меня выехать на автомашине в дальнюю поездку совершенно больным, с высокой температурой. Мой начальник, чтобы не сорвать выполнение задания, принял решение отправить вместе со мной на автомашине офицера медицинской службы, который при необходимости делал мне уколы. Поездка продолжалась несколько дней. Я придерживался принципа «в интересах разведки в определенных ситуациях дела службы ставить выше всего остального, связанного с личной жизнью».

Очень удобным местом для организации работы советской резидентуры в послевоенной Германии оказался Берлин (так же, как и столица Австрии — Вена для работавших там сотрудников нашей службы). В Берлине было четыре оккупационных сектора. В советском секторе шел активный подбор, подготовка к отправке в другие зоны страны отобранных источников — как по официальным каналам, так и через так называемую «зеленку», особенно в первое время.

Наиболее подходящими пунктами для переправки этих лиц были районы городов Майнинген и Гарделеген. В Майнингене в советской пограничной комендатуре в течение нескольких месяцев работал офицер из нашей службы, который досконально знал обстановку в пограничном районе, помогал нам осуществлять переброску источников на другую сторону, а также оказывал услуги, связанные с паспортно-пропускным режимом. Это был очень способный лейтенант Э. А. Лалаянц. К сожалению, ему вскоре пришлось расстаться с нашей службой — на его здоровье сказались последствия перенесенной в Ленинграде блокады.

«НАШ ЧЕЛОВЕК В ГАВАНЕ», ИЛИ РАЗОБЛАЧЕНИЕ ЛИПОВОЙ РЕЗИДЕНТУРЫ

В 1949 году в американской зоне Германии успешно работала резидентура, от которой поступали «грифованные», но списываемые секретные документы. В состав резидентуры помимо резидента входило еще семь человек: служащий одной из местных фирм, двое военнослужащих из состава оккупационных войск, два связника, которые получали материалы и передавали их резиденту, две хозяйки конспиративной квартиры и конспиративного адреса.

У нашего оперативного офицера, находящегося в Берлине и поддерживающего связь с резидентом, имелись лишь скупые данные на весь состав резидентуры. В нашем распоряжении были лишь два фото. Все эти данные были написаны рукой самого резидента. На организацию встреч с кем-либо из его подопечных резидент не шел, мотивируя это интересами конспирации.

Наконец его удалось убедить привезти в Берлин своего связника, поддерживающего контакт с офицером оккупационных войск. Для встречи с ними меня и командировали из Москвы в Берлин. Планировалось тщательно разобраться с работой резидентуры, выяснить подробные данные на ее состав и наметить пути активизации работы.

Через несколько дней на конспиративной квартире в Берлине состоялась встреча, на которой, кроме меня и нашего оперативного офицера, присутствовал резидент и его связник. Резидент, судя по его выговору, относился к немцам из Южной Германии, возраст под 50 лет, связник был лет на 20 моложе, внешне ничем не примечательный.

Беседа, которая длилась более трех часов, ничего нового не добавила к тому, что нам было известно. Связник давал односложные ответы. Резидент его часто перебивал, и чувствовалось, что отношения у них не очень теплые. Меня все это не удовлетворяло, создавалось впечатление, что резидент и связник что-то недоговаривают. В конце встречи резидент отлучился на несколько минут по своей надобности в туалет. Во время его отсутствия связник заявил, что ему надо нам сообщить наедине что-то очень важное. Встреча ему была назначена на следующее утро, так как вечером они должны были уехать из Берлина. Резидент перед отъездом получил очень крупную сумму для оплаты всех членов своей резидентуры, связник при этом не присутствовал.

На другой день состоялась встреча со связником, на которой он сообщил нам ошеломляющие сведения. Никакой резидентуры, по сути дела, не существовало. Все это было плодом его досужего вымысла с целью выкачивания денег из нашей кассы. На самом деле в резидентуре было всего три человека: резидент, связник и иностранный военнослужащий, который заведовал хранилищем грифованных документов на одной из военных баз. Через некоторое время резидент тяжело заболел, связь поддерживали через связника; а через два года уехал домой и офицер, передававший материал, а другого подобрать не удалось.

КОНТАКТЫ С ВЫДАЮЩИМИСЯ РАЗВЕДЧИКАМИ РУДОЛЬФОМ ГЕРНШТАДТОМ И ГЕРХАРДОМ КЕГЕЛЕМ

Вскоре после окончания войны и в течение последующих нескольких лет значительную помощь нам оказывали Рудольф Гернштадт и Герхард Кегель. Они занимали высокое служебное положение, будучи ведущими журналистами и руководителями основных центральных газет в советской зоне Германии. Работа велась с ними теперь на доверительной основе. Контакт было поручено осуществлять мне, так как Р.Гернштадта я знал с июля 1941 года, с Г.Кегелем познакомился после окончания войны. Личные встречи в домашней обстановке проводились с ними два-три раза в месяц, за исключением срочных случаев.

Информацию мы получали о военно-политической обстановке во всех четырех зонах оккупации Германии, их материалы отличались четкостью, краткостью и достоверностью изложения, глубиной мысли, обоснованностью выводов и наличием элементов прогнозирования предстоящих событий. При необходимости мы получали от них характеристики на интересующих нас лиц, а то и наводки на достаточно изученных кандидатов для привлечения к работе в военной разведке.

Работа с такими высокопоставленными журналистами и политическими работниками требовала также и от меня хорошей подготовки и умения общаться с подобной категорией людей. Взаимодействуя с ними, мне удавалось использовать их опыт журналистско-информационной деятельности и в моей практической работе. Служебные контакты с Г. Кегелем переросли впоследствии (уже в более поздний — пенсионный период) в личную дружбу до последних дней его жизни.

Если сравнивать их журналистскую деятельность в интересах разведки с другими известны-

Герой Советского Союза генерал армии Петр Иванович Ивашутин.

Москва, Гоголевский бульвар, 6. В этом доме несколько десятков лет располагались органы советской военной разведки.

Герой Советского Союза
генерал-полковник Мамсуров Хаджи
Умар-Джиорович.

Генерал армии Алексей Иннокентьевич Антонов.

Адмирал Леонид Константинович Бекренев.

Генерал-полковник Анатолий Георгиевич Павлов.

Генерал-лейтенант Алексей Андрианович Коновалов
(снимок довоенного периода).

Генерал-майор Константин Борисович Леонтьев.

Гвардии генерал-лейтенант Владимир Григорьевич
Соломин.

Полковник Александр Владимирович Руненко.

Герой Советского Союза полковник Александр Григорьевич Попов.

Известные разведчицы Рут Вернер и Наталия Звонарева в день их рождения 15 мая 1981 г.

Герой Советского Союза полковник Лев Ефимович Маневич.

Рудольф Гернштадт.

Генерал-майор Николай Кириллович Патрахальцев.

Подполковник Наталия Владимировна Звонарева.

Полковник Иван Михайлович Позняк.

Генерал-майор Иван Иванович Скрипка.

Герой Советского Союза майор Федор Иосифович
Кравченко.

Герой Российской Федерации Ян Петрович Черняк.

Герхард Кегель.

Сообщение из Берлина о смерти Герхарда Кегеля.

Подполковник Мария Иосифовна Полякова
(снимок довоенного периода).

Ольга Чехова в свои лучшие годы. Берлин.

Генерал-майор Алексей Илларионович Елагин.

Майор Вера Васильевна Бердникова.

Урсула Бертон (литературный псевдоним Рут Вернер).

Газетные сообщения о смерти Рут Вернер.

Полковник Григорий Фролович Михляев.

Полковник Николай Владимирович Аптекарь.

Подполковник Вилли Ром.

Письменное сообщение из Берлина о смерти Вилли Рома.

Радиостанции «Джек-1» и «Джек-2», на которых работал в годы войны в Швеции резидент ГРУ Вилли Ром.

ми нам примерами в других странах мира, то можно прийти к выводу, что в этом плане они заслуживают самой положительной оценки. Именно в таком направлении действовали и такие выдающиеся разведчики-журналисты, как Рихард Зорге в Китае и Японии, Курт Велкиш в Бухаресте.

РЕЗИДЕНТУРА ЖУРНАЛИСТА РУДОЛЬФА ГЕРНШТАДТА

Остановимся очень коротко на работе в наших интересах Рудольфа Гернштадта. Родился он в 1903 году в городе Глейвиц Верхней Силезии (в настоящее время это польский город Гливице). Журналистскую деятельность он начал в 1924 году. Сотрудник советской военной разведки с 1929 года, его оперативный псевдоним «Албин». Создал Варшавскую, а затем Берлинскую резидентуру в составе семи человек, к числу которых относились Ильзе Штебе, Герхард Кегель, Курт и Маргарита Велкиш, Рудольф фон Шелия и другие. Ильзе Штебе была его гражданской женой. В декабре 1942 года она была казнена в берлинской тюрьме Плетцензее. А его родители были расстреляны в гитлеровском концлагере Терезиенштадт.

В сентябре 1933 г. вместе с двумя другими немецкими журналистами мы выслали его из СССР. Вернулся на родину героем в глазах нацистов. В 1933—1939 годах Р. Гернштадт работал корреспондентом газеты «Берлинер Тагеблатт» в

Варшаве. Был в очень близких отношениях с послом гитлеровского посольства и использовал эту связь в оперативных целях. В этом отношении можно снова провести аналогию с Рихардом Зорге, который поддерживал тесный контакт с германским послом в Токио.

В период войны с Германией с ведома 7-го отдела Главпура Красной Армии Рудольф Гернштадт был главным редактором газеты «Фрайес Дойчланд», издаваемой для военнопленных. После окончания войны был главным редактором центральной газеты СЕПГ «Нойес Дойчланд» и кандидатом в члены Политбюро СЕПГ. В связи с политическими разногласиями был выведен из состава Политбюро, исключен из партии и выслан в город Мерзебург, где работал в местном архиве. Там же скончался в 1960 году.

Он производил на меня впечатление эрудированного, вдумчивого, уравновешенного, принципиального, трудолюбивого и смелого человека. Он располагал такими необходимыми для разведчика качествами, как прекрасное знание окружающей обстановки в странах пребывания и умение в ней ориентироваться в сложных условиях, умение располагать к себе людей, организовывать деятельность в нужном направлении.

ДИПЛОМАТИЧЕСКИЕ МИССИИ ГЕРХАРДА КЕГЕЛЯ. ПОИСКИ ШАРЛОТТЫ

Герхард Кегель родился в 1907 году в районе Верхней Силезии, вблизи тогдашней российско-германской границы, в семье железнодорожника. Окончил юридический факультет в городе Бреслау. Имел большой опыт работы по торговой и финансовой линии, а также практику работы экономистом.

В 1934 году по заданию Гернштадта вступил в нацистскую партию и был привлечен к работе в советской военной разведке. Затем работал в нацистских посольствах в Варшаве, в Москве, предоставляя Центру важную информацию. Начиная с января 1941 года регулярно передавал сведения о подготовке Германии к войне с СССР, а также возможных сроках ее начала.

После окончания войны в 1945 году — он главный редактор газеты «Берлинер Цайтунг» и руководитель издательства «Ди Виртшафт». Затем — ответственный работник ЦК СЕПГ, занимающийся вопросами внешней политики, находился на дипломатической работе в качестве посла в Швейцарии. Производил впечатление многосторонне образованного человека, объединяя в одном лице разные профессии: юриста, экономиста, партийного работника, дипломата, журналиста и, наконец, разведчика. По характеру был крайне конспиративен, осмотрителен до педантичности. Видимо, поэтому и избежал участи быть арестованным, хотя в конце 1942 года был на грани этого. Умер в 1989 году в Берлине: однажды вечером сидел в своем кабинете и смотрел телепередачу, в которой был показан разгром берлинского здания спецслужб, сердце не выдержало этого стресса. Его похоронили на кладбище социалистов в Берлине.

Вспоминается мне следующий эпизод из встреч с Г. Кегелем. 20 июня 1945 года я встретил его на аэродроме в столице Германии и отвез на временно подобранную нами квартиру в районе Бисдорфа.

Через неделю он обратился ко мне с просьбой помочь найти его жену Шарлотту и двух детей, которые могли предположительно выехать в населенные пункты, находящиеся теперь на польской или чехословацкой территориях. Точные адреса он назвать не мог, так как записная книжка была утеряна еще на фронте.

Получив разрешение на поездку и оформив в соответствующих военных инстанциях документы на себя и на шофера, мне удалось взять с собою специальное предписание, подписанное маршалом Советского Союза Г. К. Жуковым, главнокомандующим советских оккупационных войск в Германии. Выехали на военном «Виллисе», водителем был старший сержант, опытный фронтовик, узбек по национальности, родом из Ташкента. Все, естественно, были одеты в военную форму. На поиски ушло около 10 суток. Определенной зацепкой было сообщение Кегеля о том, что его жена по специальности фармацевт и, очевидно, будет стремиться устроиться по специальности. Это в значительной степени помогло ее найти. Мы посетили четыре населенных пункта, расположенных на территории, отошедшей к Польше, а также некоторые места в Чехословакии.

Наконец мы нашли Шарлотту, ее девятилетнего сына Петера и трехлетнюю дочку Урсулу.

Они очень обрадовались, что папа жив и ждет встречи с ними. Меня они называли «дядя Виктор», а шофера «дядя Чингисхан». Обратный путь у нас занял полтора десятка часов, уже в сумерки мы подъезжали к вилле в Бисдорфе.

Встреча была очень трогательной. Большие затруднения были у трехлетней Урсулы, ведь она отца еще никогда не видела. Очень робко подошла к нему и сказала фразу, которую мы все запомнили надолго. Она сказала: «Здравствуй, дядя папа».

Герхард Кегель был оглушен, как и во время прилета в разрушенный Берлин. Наконец-то они вместе, его дети и дорогая Шарлотта, не только жена и друг, но и такая же, как и он, антифашистка, подпольщица, всеми силами помогавшая ему в работе на советскую разведку. Немного придя в себя, Герхард и Шарлотта подошли ко мне и сердечно поблагодарили меня за этот очень счастливый день. Обо всем этом Кегель подробно написал в своей книге «В бурях 20-го века», которая в 1987 году была переведена и издана на русском языке.

* * *

С работой в Германии в моей жизни был связан весьма продолжительный период; я находился там еще в двух длительных командировках после окончания войны, а также в шести краткосрочных — в 1948, 1949, 1953, 1962 и 1967 годах. Однажды был направлен в командировку на десять дней, имея в руках небольшой портфель.

Это был период, когда в Берлине была построена каменная стена, возле которой часто происходили трагические инциденты. Активно стал действовать воздушный мост между ФРГ и Западным Берлином. В последний с Запада доставлялось практически все, необходимое для жизнеобеспечения, даже топливный брикет. Интенсивность полетов была очень высока, с незначительными интервалами, что «хорошо» ощущали на себе жители некоторых районов Восточного Берлина. В результате я пробыл в командировке ровно шесть месяцев, которые для меня оказались своеобразным «временным мостом» в 40-е годы — в период послевоенной Германии.

Глава 6

Четыре года в Альпийской республике

Летом 1949 года закончилась моя длительная командировка в Германию, и я был направлен на учебу в Военно-дипломатическую академию Советской Армии. С учебой у меня никаких трудностей не возникало, а поскольку интенсивная нагрузка была для меня привычной, подключился еще и к общественной работе. В течение трех лет я возглавлял военно-научное общество (ВНО) слушателей Академии, будучи его первым председателем.

Основанием моего избрания явились те обстоятельства, что я имел почти десятилетний опыт службы в армии и разведработы, а также был знаком с преподавательской и журналистской деятельностью. Работой ВНО руководил Совет, в состав которого входили руководители десяти научных кружков разной тематической направленности. Поддерживался тесный контакт с научно-исследовательским и политическим отделами Академии.

Председателями кружков были наиболее подготовленные и успевающие слушатели старших курсов, научными руководителями — преподаватели кафедр. Среди активистов кружков были Герой Советского Союза А. М. Кучумов, А. Г. Коптяков и В. А. Федоров. Кружки собирались для заслушивания докладов 1—2 раза в месяц; научные конференции проводились раз в году. На них выносились 2—3 доклада по наиболее важным темам.

Какую пользу приносила слушателям работа в кружках? Они углубляли свои знания, обретали умение вести информационную работу. Доклады использовались для написания дипломных работ, некоторые из них публиковались в научных сборниках Академии. Впоследствии некоторые слушатели защитили кандидатские диссертации и стали преподавателями Академии.

В целом этот период был спокойный, на фоне которого вспоминается один неординарный случай, произошедший со мной, когда я учился на 3-м курсе. Как-то во время моего дежурства по Академии с нашей гауптвахты сбежал старшина, задержанный за нарушение воинской дисциплины. В условиях организации караульной службы того периода в ВДА этот случай расценивался как ЧП (чрезвычайное происшествие). Утром во время доклада начальник Академии отдал мне приказание к концу дежурства найти и задержать беглеца. Несмотря на сложности, это приказание было выполнено: старшина был задержан в одном из подмосковных населенных *пунктов, где он находился на квартире у знакомой женщины.*

В 1953 году (50 лет тому назад!) я успешно завершил учебу в ВДА и продолжил работу в ГРУ. Через некоторое время меня направили в Австрию для работы в советской военной администрации.

КРАТКО О НРАВАХ И ОБЫЧАЯХ ЖИТЕЛЕЙ СТРАНЫ

В Австрии я проработал четыре года: с 1954 по 1958-й. При этом я застал обстановку Австрии, оккупированной союзными войсками, размещенными в четырех зонах; подписание государственного договора о восстановлении независимой и демократической Австрии; и, наконец, начало независимой жизни Австрийской республики. Такой длительный и разнообразный период работы дал мне возможность составить о стране и о народе определенное представление, которое я и считаю целесообразным кратко изложить, чтобы немного раскрыть фон, на котором проходила разведработа в те годы.

СТРАНА АЛЬПИЙСКИХ ГОР И ГОЛУБОГО ДУНАЯ

Почти всю территорию этой страны Центральной Европы занимают хребты Восточных Альп. Тем не менее Австрия — густозаселенная территория, испещренная серпантином автодорог и сетью железных дорог. Только северо-восток и восток Австрии представляют собой равнинные территории, расположенные в бассейне Дуная, где находятся самые крупные города: Линц (центр земли Верхняя Австрия) и Вена (центр земли Нижняя Австрия и столица страны).

Дунай обычно ассоциируется с образом «голубого Дуная». Но в действительности вода в самом Дунае мутная, там всегда большое течение, и никто не купается. Весной и осенью, а также во время быстрого таяния снега в горах и во время дождей дунайская вода поднимается на 8—9 метров, и тогда в Вене часто бывают наводнения. Заливает также и другие придунайские города — Мельк, Линц. Совсем другое дело так называемый «старый Дунай», где в старицах оборудованы купальни и лодочные станции. Вода в старом Дунае теплая, и при ярком солнечном свете именно старый Дунай кажется голубым. Вся территория старого русла Дуная утопает в парках (Шенбрун, Каленберг, а также наиболее известный Пратер), где обычно много посетителей. В Медлинге, под Веной, находится интересное подземное озеро, которое мы посетили еще и потому, что во время войны там был оборудован подземный авиационный завод.

Из равнинных и самых больших озер особенно живописно озеро Нойзидлер-Зее, расположенное в пределах земли Бургенланд (на границе с Венгрией). Оно неглубокое, заросло камышом, который используется даже для технических нужд. На берегах озера водилось огромное количество лягушек, и не удивительно, что именно здесь гнездовалось очень много аистов. Так, например, в городе Руст (считался единственным городом в мире с таким количеством гнезд аистов) на трубе каждого дома были оборудованы гнезда для аистов, которых жители тщательно оберегали, суеверно боясь беды, в случае если аисты покинут дом. Южнее расположена земля Штирия с центром в Граце.

В Альпах множество горных ледниковых озер. Самое крупное — Боденское озеро — расположено на крайнем западе страны (на перекрестье границ Австрии, Германии и Швейцарии), среди красивых отрогов западных Альп, на берегу которого находится удивительно чистый центр земли Форарльберг, город Брегенц (даже в сравнении с другими городами Германии и Австрии, обычно славящимися своей чистотой).

Основные маршруты по Австрии, середина 50-х гг.

Целая серия живописных озер, над которыми поднимаются северные предгорья Альп с зелеными лугами и снежными вершинами, находятся в пределах земли Зальцбург (с одноименным центром).

Своеобразной изюминкой западной части Австрии является горная тирольская земля с центром в Инсбруке, который в свое время был столицей.

ТУРИЗМ КАК ВИЗИТНАЯ КАРТОЧКА АВСТРИИ

Самая характерная особенность Австрии — это широкое распространение туризма. В субботу Вена обычно вымирала, и многие десятки тысяч австрийцев выезжали в лес, на реку, в путешествие по стране. Зимой очень распространен лыжный спорт. На лыжах, на равнине и в горах, начиная с четырехлетнего возраста и до самого преклонного возраста. Все трассы отлично оборудованы, везде имеются специальные подъемники для лыжников и туристов.

Наиболее посещаемыми местами в Австрии являются Вена, Зальцбург, район озер Зальцкаммергут, Бад Гаштейн, Цельм ам Зее, Фельден, Земмеринг, Инсбрук, Сант-Антон и Брегенц... Список этих хорошо знакомых мне мест можно продолжить.

Самыми фешенебельными курортами являются Земмеринг, Сант-Антон и Бад Гаштейн. Здесь отдыхала респектабельная публика, включая многих состоятельных иностранцев. Земмеринг и Сант-Антон посещаются также и зимой, остальные места доступны главным образом в теплое время. Курорт Сант-Антон находится высоко в Альпах, между Инсбруком и Брегенцем, там круглый год лежит снег и очень много горнолыжников. На рождественские каникулы сюда приезжало много швейцарцев, которые проводили здесь свой отпуск, что обходилось им дешевле, чем у себя дома, где жизнь была дороже. Наконец, в Сант-Антоне можно встретить королей, принцев и премьеров со всех концов света. Когда я жил в одной гостинице, то оказалось, что в соседнем номере жил сын Льва Николаевича Толстого, эмигрировавший в США. Я дважды с ним завтракал за одним столом. Он знал, кто я такой, а я знал, кто он. Но ни одного слова произнесено не было. В другом номере жила королева из одной скандинавской страны. Она была более вежлива, и мы здоровались.

Неизменно всех привлекает своим своеобразием Инсбрук. Помимо красот природы, туристов привлекает бывшая резиденция императора Максимилиана, крыша которой покрыта настоящим золотом. Этот дом известен под названием «Дас гольдене Дахл»; охраняется круглосуточно нарядом полиции. А рядом находится гостиница, которой более 700 лет. Над каждой дверью имеются таблички, на которых указано, кто из великих людей и когда жил в этом номере. Я, например, жил в комнате, где продолжительное время проживал немецкий поэт Гете. Здесь же, в ресторане этой гостиницы, я встретился с американским военно-воздушным атташе и его помощником. В их планы не входило встретиться с нами в этом месте, и они были несколько удивлены и вскоре ретировались оттуда. В районе Инсбрука много очень красивых гор, куда любопытные туристы могут подняться на подъемниках. Интересна поездка из Инсбрука до Бреннерского перевала.

Очень интересен Зальцбург, с его крепостью, узкими улочками и местами, связанными с Вольфгангом Амадеем Моцартом. В городе очень много туристов из ФРГ, которые ведут себя нахально и нагло. Создается впечатление, что находишься в Мюнхене или Берхтесгадене.

Привлекательны также и Грац со своим знаменитым замком на горе; Шпиталь и Клагенфурт, расположенные на горных реках; крупный промышленный центр Линц и старый Эйзенштадт, где находится мавзолей Гайдна. Кстати, голова его, так же как и голова Юрия Долгорукого в Киеве, отсутствует. Говорят, что есть такая международная организация, которая занимается похищением черепов знаменитых людей. Где хранятся похищенные черепа, пока никто не знает. Очень живописно в долине Вахау, расположенной вдоль Дуная, между Линцем и Веной. Здесь находятся знаменитые австрийские виноградники. Но лучше всего вино из винограда, произрастающего в местечке Гумболдскирхен возле Вены.

Приятное впечатление осталось у меня от небольшого курортного местечка Штейнхауз, находящегося на железной дороге Вена — Грац, между Земмерингом и Мюрццушлагом. Здесь нет таких богатых гостиниц, как в Земмеринге, но много более дешевых пансионатов. Моя семья отдыхала в таком пансионате в течение шести недель в 1958 году, и я сам наведывался сюда в свободное время. В то время, когда в Вене зимой слякоть, здесь всегда снег и мороз. Воздух здесь всегда чистый. Кругом красивые горы, поросшие вековыми елями. Много зайцев и диких коз. В Штейнхаузе был оборудован подъемник для лыжников; а вверх к Земмерингу тянется также отличная санная дорога. На подъем пешком уходило около двух часов, а обратно спускались с ветерком за 15 минут.

Для туристов имеется много комфортабельных гостиниц и пансионатов, первые этажи которых заняты под гастхаузы (придорожные рестораны). На наиболее высоких горах оборудованы гостиницы с гастхаузами, цены в них выше, чем в обычных гостиницах. Тут же продается много сувениров, открыток и конвертов с почтовым штампом данной гостиницы и той датой, когда вы посетили это место. Австрийцы и иностранцы очень любят собирать подобные открытки или почтовые конверты.

Все гастхаузы хорошо оборудованы, причем в целях рекламы можно встретить весьма оригинальные атрибуты оформления. Например, можно встретить гастхаузы, оборудованные в пещерах, на скалах, на полуостровах, подводных глубинах. В Вене в одном летнем гастхаузе в саду было расставлено до 10 громадных бочек, в которых были столики на шесть персон. Эти бочки очень понравились летчикам, возившим Микояна, и они попросили меня сфотографировать их в этом саду. В одном гастхаузе, на автодороге между Линцем и Зальцбургом, где обычно проходят международные мотоциклетные гонки, я видел фотографии всех гонщиков (большинство из них уже в черной рамке), посещавших это заведение. При большинстве сельских гастхаузов имелись кегельбаны, которые никогда не пустовали, так как этой игрой увлекаются очень многие.

В Граце один владелец гастхауза в целях рекламы решил один раз в месяц всех желающих бесплатно угощать пивом. В первый раз это мероприятие проходило под сильной охраной полиции, но все прошло как надо и обеспечило владельцу ресторана большой успех. В вечернее время во всех более или менее солидных гастхаузах имеются оркестры, которые исполняют австрийские национальные песни. Австрийцы очень любят игру на скрипках и играют на них действительно отлично. Из русских песен чаще всего исполняются «Очи черные».

Зимними вечерами в гастхаузах собиралось обычно много приезжих из разных стран. Народ быстро знакомился друг с другом. Помню большую группу шведов, приехавших в Австрию на рождественские праздники. Они отличались среди других иностранцев умением изрядно выпить. Причем шведки не отставали от своих мужчин и громогласно провозглашали «скол». У шведов распространено приветствие: «минс скол, динс скол, аллер вакер фликер скол», что означает «за мое здоровье, за твое здоровье, за здоровье всех красивых девушек!». Они быстро глотали зелье и потом танцевали. Мы, русские, были всегда в центре внимания, и с нами велись оживленные беседы на всевозможные темы. Шведки избрали меня главным партнером для танцев. Меня это не очень устраивало, так как они все высокие, полные и танцуют так же неуклюже, как и я сам. Но выпитое вино и бравурная музыка, вроде «Аннелизе» сглаживали все неудобства.

ХАРАКТЕРНЫЕ ОСОБЕННОСТИ АВСТРИЙЦЕВ

Прежде чем рассказать об агентурной работе в Австрии в рассматриваемый период, следует охарактеризовать в общих чертах самих австрийцев. В силу богатой истории австрийцы впитали в себя черты народов, с которыми они некогда были объединены в единое государство (итальянцев — еще со времен Священной Римской империи; немцев — начиная с Баварского герцогства и завершая гитлеровской Германией; венгров со времен Австро-Венгерской империи и т.д.). При этом характерно, что Австрия нередко являлась центром сменяющих друг друга государственных образований (через различные линии Габсбургского дома).

Наибольшее влияние немцев и чехов сказывается в приграничных северо-восточных районах и в Вене, итальянцев — южных районах. А, например, население в городе Форальберг говорило на совершенно непонятном немецком языке, который больше похож на смесь голланд-

ского с норвежским, чем на немецкий. В районах, приграничных со Швейцарией, Югославией
и Венгрией, сказывалось также влияние культуры и этих стран. В земле Бургенланд, где часто
приходилось бывать, имелись целые села, где в
основном жили венгры (ранее это была территория Венгрии), и дети их учились в венгерских
школах. В отличие от других земель Австрии,
Бургенланд не отличался чистотой и обустрой-
ством улиц и дорог.

Опять-таки в силу исторических причин австрийцы по своему характеру не такие националисты, как немцы. При этом для австрийцев
также характерны организованность, которая часто переходит в педантизм, и бережливость, иногда доходящая до жадности.

Но австрийцы более разговорчивы, общительны и музыкальны, чем немцы. В этом отношении они во многом схожи с итальянцами.
Особенно ярко общительность проявляется при
посещении так называемых «хойриген» — осен-
них праздников вина. На этом празднике можно
легко познакомиться в гастхаузах и гастштеттах
(придорожные кафе) с любым австрийцем, сидя-
щим рядом с тобой за столом. Он охотно расска-
жет тебе о своих делах и бедах. Правда, ни одного
лишнего гроша он за тебя не заплатит и, встретив
тебя на следующий день на улице, может и не
поздороваться.

Если же австриец заплатил за что-то деньги —
в ресторане, на выставке, в театре, в кино или
еще где-либо, то он уж сполна воспользуется

своими правами и потребует, чтобы его удовлетворили полностью.

Внешне австриец всегда стремится показать свой достаток и вообще показать себя с лучшей стороны, а то и пустить пыль в глаза. Я видел безработных, которые имели только один поношенный костюм и одну шляпу, но костюм был всегда отглажен и отутюжен. Австрийцы не любят принимать просто так подаяние. Сплошь и рядом мы видели в Вене безработных музыкантов, которые организовывались в небольшие оркестры и играли на улице, зарабатывая таким путем себе деньги. Можно было встретить и безработных художников, которые рисовали на мостовой портреты прохожих. И в характере у австрийцев много показного и даже фарисейства: в глаза могут говорить одно, а за глаза высказывать нечто противоположное.

Австрийцы менее обязательны в своих действиях по сравнению с немцами. Если немец что-либо пообещал, то он обязательно выполнит свое обещание; австриец же может наподобие итальянца, испанца или румына наобещать с три короба и почти ничего не выполнить.

В вопросах семьи и быта австрийцы вели себя довольно вольно. Наличие любовницы у более или менее состоятельных людей считалось в то время нормальным явлением, да и многие жены смотрели на это довольно равнодушно.

Молодежь вела себя более распущенно, чем пожилые люди, особенно так называемые «хальбштарке» (дословно — «недозрелые»). Они носили длинные прически и американизированную одежду, вели себя заносчиво, громко горланя на улицах песни; разъезжали на мотороллерах или мотоциклах, поднимая неимоверный шум; в гастхаузах часто учиняли скандалы. Неудивительно, что большинство молодежи не желало иметь детей. Детей в городах действительно встречалось очень мало, во многих семьях их заменяли кошками и собаками.

Эти особенности австрийцев было необходимо учитывать при поддержании старых и организации новых агентурных связей. Приходилось быть начеку, чтобы невольно не проявились стереотипы работы с агентами в условиях Германии.

РАБОТА В СОВЕТСКОЙ ВОЕННОЙ АДМИНИСТРАЦИИ В ПЕРИОД ОККУПАЦИИ

Весной 1954 года я прибыл в Вену в распоряжение начальника инспекторского отдела при Главноначальствующем советской военной администрации в Австрии в качестве его заместителя. Начальником инспекторского отдела в то время был полковник Александр Васильевич Романовский[1]. Этот спокойный, рассудительный человек имел большой опыт работы в войсках, а также по линии нашей службы, поэтому с людь-

---

[1] В Разведцентр пришел в 1940 году после окончания Военной академии им. М. В. Фрунзе. Служил в РО 9-й армии и центральном аппарате. Заместитель начальника РО штаба 1-го Белорусского фронта. После войны работал в Австрии и ГДР.

ми работал умело. К сожалению, вскоре у него тяжело заболела в Москве жена, и он уехал насовсем из Вены. Мне же пришлось около года исполнять обязанности начальника.

Перед нашим отделом были поставлены следующие основные задачи:

1. Следить за выполнением четырехстороннего соглашения по Австрии в отношении размещения в ней союзных войск — в соответствующих зонах и секторах. Следует отметить, что, в отличие от Берлина, сама столица Австрии — Вена — не была разделена на сектора.

2. Представлять информацию о создании в Австрии ее собственных вооруженных сил; подбирать необходимые для этого источники.

3. Обеспечивать транзитный проезд через Австрию сотрудников ГРУ ГШ, следующих авиационным транспортом в страны Азии, Африки и Латинской Америки и возвращавшихся из этих стран в Москву.

Коллектив инспекторского отдела работал с большой отдачей, стараясь во всей полноте исполнять многочисленные задания. Работа велась в тесном контакте с разведуправлением Центральной группы войск и ее разведпунктами, особенно с тем, который возглавлял полковник Иван Иванович Скрипка. У него был значительный опыт работы во фронтовой разведке, а также деятельности в партизанском движении. Так, во время восстания в Словакии в 1944 году он в течение нескольких месяцев под фамилией Студенский, был начальником штаба всех вооруженных отрядов, работая постоянно в очень опасных для жизни условиях. И. И. Скрипка умер совсем недавно — в 2002 году. Необходимая помощь отделу оказывалась и со стороны генерала И. И. Ильичева, который занимал должность Главноначальствующего, а в годы войны возглавлял ГРУ ГШ.

Несколько позже мне пришлось совместно работать в Вене с Алексеем Илларионовичем Елагиным. Во время Великой Отечественной войны он воевал на юге страны, участвовал в боях в качестве начальника штаба зенитно-артиллерийского подразделения и части в районах Майкопа, Краснодара, Тамани, Керчи, Феодосии и при штурме Сапун-Горы под Севастополем. Завершил службу в ГРУ в должности начальника научно-исследовательского института, в звании генерал-майора. Сейчас возглавляет одну из районных ветеранских организаций в Москве.

АГЕНТУРНАЯ РАБОТА НАШИХ РАЗВЕДСЛУЖБ

В агентурной работе этого периода были как положительные, так и отрицательные моменты. Кратко рассмотрим некоторые оперативные ситуации.

Вскоре после вступления наших войск в Вену в поле зрения наших разведчиков попал один местный инженер, специалист по телефонной связи, который в тот период оказывал нам помощь по официальной линии и в качестве нашего источника не оформлялся. С ним поддерживалась связь по линии нашей военной комендатуры.

Через некоторое время им, естественно, заинтересовались и представители западных оккупационных властей, которые вначале поддерживали официальные отношения, а впоследствии решили использовать его в агентурном плане. Они поставили ему задачу в удобных местах подключаться к нашим военным линиям связи, записывать ведущиеся разговоры.

К этому времени мы оформили с ним агентурные отношения (он был у меня на связи), и он стал нам передавать на очень короткое время кассеты с записями наших телефонных разговоров, чтобы мы могли убрать лишнее. И не зря. Одна из первых кассета представляла собой запись разговора советских офицеров из штаба ЦГВ, где во время обычного банального разговора проскакивали фразы, представлявшие интерес для иностранной разведки. Характерно, что во многих разговорах активно использовался вездесущий русский мат с выражениями, которые подчас были даже более изобретательны, чем те, что можно было услышать в Одессе. После этого последовал мой визит к руководству разведки ЦГВ, где эту запись сначала прослушали начальники, а затем пригласили офицеров, разговоры которых были записаны на кассету. Все это произвело неописуемый эффект, и последовали соответствующие устные распоряжения. Мы продолжали контакты с инженером и прослушивали кассеты, но вскоре был подписан государственный договор, и штаб выехал из Вены.

Интересно осуществлялась вербовка одного офицера из местного гарнизона. Более подробное знакомство с его семейной жизнью подсказало нам следующий вариант его привлечения к нашей работе. Было принято решение сначала завербовать его супругу, которая занимала главенствующее положение в семье, а затем с ее помощью привлечь к сотрудничеству и его самого. В соответствии с планом эта операция была успешно осуществлена.

Были случаи, когда представительницы прекрасного пола самостоятельно добивались отличных успехов в решении информационных и оперативных задач. Многое зависело от того, кого мы из своих офицеров привлекали для их разработки, вербовки и руководства их работой в дальнейшем. Для этой цели мы обычно привлекали приятных по внешности и обхождению лиц, но с достаточно твердым характером.

Неудачной попыткой вербовки с элементами шантажа является следующий пример. В наше поле зрения попал представляющий интерес арабский бизнесмен. В качестве компрометирующего материала мы хотели использовать сделанные скрытой камерой некоторые детали его сексуальных похождений. Когда мы завели с ним разговор на эту тему, то он с ухмылкой сказал:

«Дайте мне эти снимки, я их покажу у себя дома сам, они только возвысят меня, как достойного представителя мужского пола».

Приходилось встречаться с лицами, которые по своей инициативе предлагали услуги в качестве разведчиков. Этих добровольцев можно было разделить на две категории. Чаще всего это были подставленные контрразведкой лица с целью организации провокации или внедрения дезинформатора. Вели они себя подчас довольно настырно и не очень естественно. От них мы отказывались, даже не вступая с ними ни в какие длительные разговоры. Такой случай произошел со мной в Инсбруке.

Реже приходилось сталкиваться с действительно перспективными людьми, которые шли на этот шаг при наличии денежных затруднений, нанесенной на службе обиды или в силу иных обстоятельств. Работать с ними следовало очень осторожно, проверяя их на контрольных заданиях.

РАЗВЕДРАБОТА В УСЛОВИЯХ НЕЗАВИСИМОЙ АВСТРИИ

После подписания в 1955 году государственного договора с Австрией и вывода всех иностранных войск советская военная администрация и, соответственно, наш инспекторский отдел были ликвидированы. Было оформлено и сформировано наше посольство и аппарат ВАТ (военного атташе), который возглавил полковник Игнатий Никанорович Маковский[1], прибывший из Москвы. Я был оформлен старшим помощником военного атташе.

Подписание государственного договора с Австрией, в соответствии с которым из страны выводились оккупационные войска четырех великих держав, повлияло и на характер деятельности наших разведслужб.

Теперь одной из наших важнейших задач стало следить за тем, чтобы не нарушался нейтралитет Австрии со стороны западных держав и чтобы крайне резко настроенные националистические элементы не пытались бы усилить свои позиции. Много пришлось поработать во время венгерских событий, о чем пойдет речь дальше.

Кроме того, в Австрии свертывалась работа нашей оперативной разведки, и агентурные связи были переданы сотрудникам аппарата ВАТ при посольстве СССР.

ВЛАДЕЛЕЦ ЧАСТНОГО ДЕТЕКТИВНОГО БЮРО

Когда шла передача агентурных дел, мне дали на связь агента, являвшегося владельцем частного детективного бюро в Западной Австрии. Первая встреча состоялась на окраине Вены, куда он прибыл на собственной машине. Произвел он на меня двойственное впечатление. Во-первых,

---

[1] В военную разведку попал после окончания Бронетанковой школы в декабре 1936-го. Служил в Разведотделе Ленинградского военного округа. Военный атташе в Австрии, 1955—1961 гг.; в Швеции, 1963—1969 гг.

впечатлили его значительные возможности, связанные с его служебной деятельностью. В бюро работало около 10 детективов, обслуживающих целую провинцию и ее центр. Бюро располагало весьма солидной картотекой и значительными связями. Составлялись справки о кредитоспособности и финансовом положении владельцев различных частных компаний, контор, банков, учреждений, а также частных лиц. Кроме того, в бюро выполнялись задания, связанные с подготовкой бракоразводных процессов и другими делами, подлежащими разбору в судебном порядке.

Таким образом, владелец детективного бюро располагал данными о военно-политическом положении в стране и провинции, мог составить почти любую справку по нашему заданию, представить данные по интересующим нас объектам разведки и дать наводки на работающих там лиц, а также мог выполнить и другие задания. Помимо этого у него имелись сведения, которые были нам крайне необходимы для легализации наших нелегалов.

С другой стороны, я встретил нового для меня агента весьма настороженно. Это был типичный буржуа, пришедший к нам работать в тяжелое послевоенное время исключительно в интересах личной выгоды, и на оплату его работы приходилось тратить подчас значительные суммы. Кроме того, нам были хорошо известны традиционные контакты частных детективов с полицией, не исключались контакты и с органами контрразведки. Поэтому в течение всего периода работы с ним я частично перепроверял его данные, а иногда и ставил контрольные задания.

Встречался я с ним один раз в месяц на окраине города, где он проживал. В оба конца приходилось делать много сот километров по дороге со сложным горным рельефом. Поэтому иногда мы встречались с ним и на полпути (обычно я ездил со своим помощником, так как приходилось менять друг друга за рулем). При подъезде к неохраняемым железнодорожным переездам мы выходили из машины и встречались на переезде, прислушиваясь к возможным звукам на рельсах. Встречи проходили в вечернее время. Два раза мы попадали на обратном пути в сплошной туман; из-за чего значительно снижалась скорость. Однажды нам пришлось 350 километров проехать в сплошном тумане. Вскоре мы приноровились в таких ситуациях пристраиваться в хвост идущих впереди большегрузных машин и ориентировались по их задним красным фонарям.

С этим агентом я работал два года; все задания он выполнял исправно. Работа с ним, несмотря на мои опасения, давала хорошие результаты. Следует отметить, что если бы не этот агент, нам бы пришлось на выполнение тех же заданий привлекать не менее двух-трех человек. К сожалению, через два года он тяжело заболел и оставил работу в бюро. Соответственно, и наша работа с ним прекратилась, поскольку привлекать для этих целей кого-либо из своих помощников он отказался. Позднее, работая в других странах, я искал пути выхода на подобных людей, но тщетно.

АРТИСТКА, КОТОРАЯ БЫЛА ЗНАКОМА С Ф. И. ШАЛЯПИНЫМ

После вывода советских войск из Австрии, мне был также передан на дальнейшую связь конспиративный адрес в Вене, хозяйкой которого была пожилая австрийка лет семидесяти. Она жила в доме почти рядом со зданием Венской оперы, расположенным на Ринге.

Попутно скажу, что в Вене я посетил почти все театры. В оперном театре меня поразил чудесный симфонический оркестр. Декорации и игра артистов мне не понравились; голоса были также весьма посредственные. В середине 50-х годов очень неплохие спектакли в Вене шли в оперетте; я застал там выступление известной киноактрисы Марики Рёкк, которая, несмотря на свои 50 лет, танцевала очень бойко. Но основными местами досуга были кинотеатры, которых в городе было много и где шли в основном американские боевики. Вход на сеансы разрешался в любое время; в кинотеатре курили, многие громко разговаривали, влюбленные целовались (среди посетителей преобладала молодежь). Впрочем, для нас это было удобное место встреч, так же как и в музеях, которых в Вене также много. Мне были интересны картинная галерея и зоологический музей (еще до войны я начал увлекаться бабочками и имел неплохую коллекцию). Кроме того, были открыты для обозрения дворцы в Шенбруне, Бельведере и дворец Франца Иосифа.

Первая встреча с хозяйкой конспиративной квартиры, назовем ее распространенным именем Тереза (со следами былой красоты на лице), состоялась у нее дома. Квартира состояла из шести комнат; меблировка свидетельствовала о том, что хозяйка в свое время была состоятельным человеком. После войны она жила на пенсию, и ее стесненное денежное положение несколько компенсировалось вознаграждением, которое она получала за использование ее квартиры в качестве конспиративного адреса.

На стенах в гостиной висело несколько портретов австрийских композиторов и известных певцов. Выяснилось, что хозяйка в свое время обладала хорошим голосом и исполняла сольные партии в различных операх. Она все еще поддерживала связи с артистическими кругами старого поколения, а также переписывалась со знакомыми, проживающими в ФРГ и Италии, что нас устраивало с оперативной точки зрения.

Вела себя Тереза сдержанно, при этом ощущался ее властный характер. Учитывая ее возраст и состояние здоровья, было решено на первых порах, что я буду приходить один раз в 10—15 дней к ней за письмами, которые мы ожидали от нашей агентуры, проживающей в сопредельных странах.

На второй встрече она оказалась более разговорчивой и рассказала, что была знакома с русскими значительно раньше, еще до начала Второй мировой войны. В частности, ее квартиру посещал одно время знаменитый русский певец Федор Иванович Шаляпин. Она рассказала, что на ее квартире собирались знакомые, артисты Венской оперы, и в этом кругу Шаляпин пел вполголоса русские песни и романсы.

В подтверждение своих слов она достала из ящика письменного стола пачку старых фотографий, на которых был запечатлен наш знаменитый певец. На некоторых фото он был снят один, на других — вместе с хозяйкой квартиры. Были также и коллективные фотографии. Текст, написанный Шаляпиным на фотографиях, где он был снят вместе с Терезой, свидетельствовал о том, что их отношения были весьма дружескими. Она показала также несколько открыток, написанных Шаляпиным на ее адрес.

О своем знакомстве с Шаляпиным она сообщила нашему военному коменданту, и он выдал ей охранное свидетельство на квартиру. Несколько позже наш оперативный работник, работавший под крышей комендатуры, узнал об этом и также решил воспользоваться ее услугами в оперативных целях. Но наше сотрудничество с ней длилось недолго: она стала болеть и через пару лет попросила освободить ее от взятых обязательств. Впоследствии я несколько жалел, что не взял у нее на память пару фотографий, на которых был снят наш знаменитый соотечественник. Но в то время это было исключено, так как все было подчинено интересам конспирации.

ВЕНГЕРСКИЕ СОБЫТИЯ В КОНЦЕ 1956 ГОДА

В октябре—ноябре 1956 года я продолжал выполнять оперативные задания в качестве старшего помощника ВАТ при посольстве СССР в Австрии. Большинство оперативных офицеров было в отпуске, а обстановка в связи с венгерскими событиями была напряженной. Поэтому военный атташе, полковник И. Н. Маковский, вынужден был постоянно находиться в здании посольства, а мне пришлось работать с утроенной энергией.

Ежедневно приходилось совершать поездки на машине на расстояния до 400 и более километров. При этом особенно трудно было выезжать из города в субботу днем и въезжать обратно в воскресенье вечером. Громадные очереди машин на много километров обычно выстраивались на шоссе, связывающих Вену с Санкт-Пельтеном и Земмерингом. Движение в городе тоже было очень интенсивное, но транспортная полиция работала очень умело, быстро и оперативно. В Вене к тому времени стало очень сложно и с парковкой автомашин. В центре города все переулки забиты, и иногда можно было проехать несколько улиц и не найти ни одного свободного места. Стали строить подземные гаражи или места для парковок уже на крышах домов, куда автомашины поднимаются на специальных лифтах.

Возвращаясь к поездкам по стране, отмечу, что под наблюдение были взяты районы, пограничные с Венгрией, ФРГ, Италией, Югославией и в какой-то степени с Чехословакией. Наиболее хорошо были известны пограничные с Венгрией территории земли Бургенланд, которая вместе с Нижней Австрией составляли ранее советскую оккупационную зону. Во время поездок велась маршрутная разведка, которая сочеталась со встречами с нужными людьми и изъятием материалов из тайников. Поздно вечером я возвращался в Вену, обрабатывал информационный материал для очередных радиотелеграмм в Центр, а рано утром начиналась новая поездка.

Основное внимание теперь уделялось австро-венгерской границе, которая фактически была открыта, и через нее западные спецслужбы беспрепятственно перебрасывали боевую технику. В этих условиях приходилось использовать австрийские документы, иногда заезжать на венгерскую территорию, контролируемую мятежниками. Одна из таких поездок чуть не закончилась трагически. И неудивительно, на границе обстановка была напряженной, и там постоянно происходили самые разные инциденты.

Помимо поездок на границу, приходилось также внимательно следить за обстановкой в лагерях, созданных для десятков тысяч беженцев. На первом этапе из Венгрии бежали лица левых убеждений, а после подавления мятежа — правых. В одном из крупных лагерей было поднято восстание.

Вскоре на границу между Венгрией и Австрией вышли армии нашей ЦГВ (Центральной группы войск, которые до подписания государственного договора с Австрией размещались на территории Австрии и Венгрии, а после договора перебазировались полностью в Венгрию). Но создалась такая ситуация, что наши армии, в том числе и армия, которой командовал генерал Х.У.-Дж. Мамсуров, не могли вести агентурную

161

разведку и крайне нуждались в информации о том, что происходит на противоположной стороне границы.

В этих условиях мне было поручено дважды в неделю выезжать на границу и информировать офицера разведки армии (в основном это происходило в районе населенного пункта Рехниц) об обстановке на прилегающей к границе австрийской территории. Одновременно мне приходилось передавать представителям нашей армии военнослужащих, случайно перешедших границу, а также тела тех, кто был убит при переходе границы.

В один из моих приездов офицер армейской разведки сообщил, что в штаб армии поступили сведения, что на их направлении к венгерской границе подтянута американская танковая дивизия, прибывшая из ФРГ. Пришлось немедленно ехать в предполагаемый район ее дислокации и выяснять, в чем дело. По прибытии туда я действительно увидел американские танки с соответствующими опознавательными знаками и весь личный состав, одетый в американскую форму. В выяснении обстоятельств мне оказала помощь моя жена, все время сопровождавшая меня во всех оперативных поездках. Она затеяла разговор с военнослужащими и выяснила из разговора с ними, что это была австрийская танковая дивизия, которая недавно получила от американцев боевую технику и была срочно одета в американскую форму, так как в этот момент не имела своей формы. Данные сведения были очень важны, так как подтверждали, что американцы не нарушили договор с Австрией.

*Коль скоро зашла речь о моей боевой по-
друге Бочкаревой (Пономаревой) Юлии Викторовне, то хотелось бы несколько слов сказать и о ней. В 17 лет она добровольно вступила в ряды Красной Армии, несмотря на то
что ее отец был на фронте, а мать оставалась одна. Она была направлена на учебу в
Ярославское военное училище, эвакуированное
в город Омск, закончила краткий курс и
в звании лейтенанта была направлена в
1942 году в Главное Управление кадров Красной Армии.*

*В ее аттестации значилось, что она хо-
рошо владеет немецким языком, и кадровики
решили ее направить в ГРУ, где ее сразу опре-
делили для прохождения службы в 1-й отдел
1-го управления. После окончания войны она
училась на краткосрочных курсах переводчиков в Военном институте иностранных языков и была направлена на службу в комендатуру города Берлина. Впоследствии по семейным обстоятельствам была уволена из армии
в звании капитана, окончила в Москве пединститут и ряд лет работала в ГРУ по вольному найму преподавательницей немецкого
языка. Последние десять лет активно участ-
вует в работе Совета ветеранов военной
разведки.*

Вспоминается еще один эпизод, имевший место еще до вывода союзных войск из Австрии.

К нам поступили сведения из Западной Австрии, что на американскую авиабазу прибыла новая техника, которая, однако, в полетах не участвовала. Под видом розыска могилы нашего разведчика Л. Е. Маневича мы отправились на эту авиабазу и выяснили, что она была так расположена, что визуальным способом, даже при наличии бинокля, рассмотреть что-либо оказалось невозможно. Нас выручила солдатская смекалка. Мы зашли в соседний католический храм и, представившись автотуристами, попросили у служителя разрешения подняться на колокольню. Получив согласие, мы поднялись на колокольню, и задание было выполнено.

Попутно отмечу, что в Австрии много не только храмов, но и монастырей самых разных орденов (францисканцев, иезуитов, кармелитов и других); они разбросаны по всей стране. Больше всего монастырей в Инсбруке. Наиболее жесткий режим существует в мужских и женских монастырях ордена кармелитов, откуда пожизненно запрещен выход за стены монастыря. Во время оккупации мы пытались побывать в одном из подобных монастырей, но это нам не удалось.

ПОИСКИ МОГИЛЫ ГЕРОЯ СОВЕТСКОГО СОЮЗА ЛЬВА МАНЕВИЧА И ПЕРЕЗАХОРОНЕНИЯ НАШИХ ПОГИБШИХ ВОИНОВ

В 1965 году нашему разведчику Льву Ефимовичу Маневичу, работавшему нелегально в 30-е годы в Италии, посмертно было присвоено звание

Героя Советского Союза. Вскоре после этого генерал Х.У.-Дж. Мамсуров, будучи к тому времени заместителем начальника ГРУ, поставил мне задание срочно найти в Западной Австрии его могилу. Было известно, что летом 1944 года, когда войска союзников продвигались на север по территории Италии, Маневич был вывезен гитлеровцами из итальянской тюрьмы в концлагерь Маутхаузен (восточнее австрийского города Линц), а после освобождения концлагеря американцами скончался. В лагере он выдавал себя за полковника советской армии по фамилии Старостин.

Для решения этой задачи, а также попутно и других организационных и информационных задач, в мое распоряжение был выделен помощник ВАТ подполковник А. П. Федотов и оперативная автомашина. Это было в самый разгар лета, когда Австрия с ее живописной гористой местностью особенно красива. Для начала мы решили направиться в Маутхаузен, где уже был создан международный музей, посвященный узникам концлагеря. Из бесед с администрацией музея мы узнали, что полковник Старостин умер через несколько дней после освобождения в деревне Эбензее (филиал концлагеря Маутхаузен), находящейся недалеко от основного лагеря.

Мы посетили эту деревню, побеседовали с местными крестьянами и узнали у них, что через несколько дней после освобождения Маутхаузена в их деревню привезли русского по фамилии Старостин, который был тяжело болен туберкулезом легких. Вскоре он умер, и его похоронили на окраине деревни. Однако через несколько лет после окончания войны одиночные могилы погибших советских военнослужащих и насильно угнанных из СССР рабочих стали ликвидировать, а останки их перевозили на братские кладбища. Крестьяне сообщили, что останки русского офицера увезли в направлении города Линц.

Мы выехали в город Линц, где выяснили расположение братских кладбищ в этом районе. Мы посетили несколько кладбищ, тщательно их осмотрели, но могилы Старостина не нашли. После захоронения на этих кладбищах прошло 12 лет, и могилы начали постепенно зарастать кустарником, хотя австрийцы поддерживали на кладбищах определенный порядок.

Кончалась третья неделя наших поисков, когда осталось обследовать еще одно братское кладбище, расположенное на обширной лесной поляне, в стороне от магистрального шоссе, западнее город Линц. На кладбище было похоронено более 5 тысяч советских граждан. Могил как таковых не было; вся поляна была ограждена каменным бордюром, по четырем углам и посередине были посажены кусты сирени, которые сильно разрослись. На поляне был установлен большой гранитный камень, на котором на немецком языке было написано, что здесь похоронено около пяти тысяч русских.

Итак, на этом кончались наши поиски, обидно было возвращаться в Вену без результата. Тогда я предложил осмотреть все заросли сирени. Осмотр боковых посадок ничего не дал; подошли к большой посадке, расположенной посередине. Оттуда неожиданно выскочил испуганный заяц и умчался в лес. Мы обследовали метр за метром все кусты и обнаружили в густых зарослях небольшой гранитный памятник, поставленный австрийцами, на котором было написано, что здесь похоронен полковник Яков Старостин. На следующий день по нашей просьбе памятник был очищен от зарослей, и мы его сфотографировали. Через две недели эти фотографии были переданы в Москве вдове и дочери покойного. Кстати, его дочь, Татьяна Львовна Маневич, работала позднее в ГРУ, дослужилась до звания подполковника. Семья была очень рада, что, наконец, через 12 лет после смерти найдена могила их родного человека; поблагодарили меня за проявленную настойчивость. Вскоре меня на работе посетил писатель Е.Воробьев, автор книги о Маневиче «Земля, до востребования». Я ему рассказал о поисках могилы, и он сожалел, что книга уже вышла, в противном случае можно было бы написать о поисках в конце книги.

Попутно отмечу, что в период нахождения в Австрии мне много раз приходилось присутствовать при вскрытии могил наших воинов, погибших во время войны. Эти могилы зачастую находились в самых неподходящих местах: возле крестьянских домов, больниц, в парках, на площадях, поэтому по просьбе австрийских властей они переносились в другие места. Иногда случалось, что могилы оказывались очень неглубоко. Так, во время работ в одном парке в населенном пункте близ Вены обнаружились гробы, которые были присыпаны лишь на 10—12 сантиметров землей, а над ними была прогулочная дорожка.

При вскрытии могил нам приходилось находить в них самые разные вещи: пистолеты, гранаты, мины, патроны, автоматы, документы, включая секретные карты, приказы, наставления, уставы, комсомольские и партийные билеты, фотографии, неотправленные или полученные письма, золотые часы, кольца и много других вещей. Один раз при разрытии могилы австрийский гробовщик был ранен осколком разорвавшейся при этом гранаты, в другой раз земля из разрытой могилы завалила трех австрийцев, которых еле успели откопать. Однажды в провинции Бургенланд гробовщики обнаружили в гробу громадное осиное гнездо и продолжили работать лишь после того, как его сожгли, так как сказали, что укус осы из такого гнезда очень опасен.

Тела в гробах сохранились по-разному. Когда вскрывали гроб офицера Постного, захороненного в парке напротив Бургтеатра в Вене, то оказалось, что тело совершенно не разложилось, хотя и пролежало в земле около 15 лет. В городе Эйзенштадте при вскрытии гроба, в котором была похоронена старший лейтенант, оказалось что ее волосы сохранили даже перманентную завивку. А при вскрытии могилы танкистов на площади Шварценбергплац в Вене выяснилось, что от них осталось лишь немного бурых костей. Большинство могил было без запаха, но в некоторых случаях при вскрытии даже старых могил исходило такое зловоние, что австрийцы не могли работать даже в противогазах.

Морально было тяжело присутствовать при вскрытии могил с телами советских военнопленных или гражданских лиц, угнанных немцами. Так, например, в городе Корнайбурге при вскрытии таких могил выяснилось, что в огромных деревянных ящиках находились останки многих сотен погибших, а всего на центральной площади в городе было похоронено несколько тысяч военнопленных.

Собственно в Австрии наиболее грандиозное место захоронения находится на центральном Венском кладбище. Кладбище существует несколько сотен лет, на нем похоронено около 12 миллионов человек. На могилах Бетховена, Моцарта, Штрауса, Шуберта всегда цветы. Могила Моцарта символическая — там никто не похоронен. Из надписи на могиле Штрауса и его жены следует, что она была ровно на 30 лет моложе мужа и умерла ровно на 30 лет позже его. Поблизости находится могила одного из организаторов строительства Суэцкого канала.

Интересна усыпальница австрийских императоров, находящаяся под Капуцинеркирхе в Вене. В ней в свинцовых саркофагах лежат останки представителей австрийского царствовавшего дома. Некоторые саркофаги представляют из себя ценные произведения искусства, отображая жизнь того или иного периода. До середины 50-х годов в этой усыпальнице находился саркофаг с останками сына Наполеона I, который по просьбе французов был отправлен в Париж.

Во всех городах страны имеются памятники в память погибших во время чумы. А в Вене под собором Святого Стефана и по сей день лежат за стеклянными перегородками десятки тысяч венцев, умерших во время чумы. В те времена их свозили со всего города и бросали в громадные подвалы под собором, а затем замуровывали. Позднее предприимчивые дельцы вместо каменных перегородок поставили стеклянные, провели электричество и разрешили любопытным зрителям осматривать за деньги громадные кучи белых костей и черепов.

А в городе Хальштадт, зажатом между озером Хальштадтзее и крутыми горами, кладбище как таковое отсутствует. Всех покойников сжигают, а их черепа выставляют в специальном доме. На черепах черной краской написаны основные данные: фамилия, имя, год рождения и год смерти.

ИСПОЛНЕНИЕ ПРЕДСТАВИТЕЛЬСКИХ ОБЯЗАННОСТЕЙ НА ВЫСШЕМ УРОВНЕ

В австрийский период работы в связи со знанием нескольких языков меня часто привлекали к работе в качестве переводчика — как в Австрии, так и в других странах. Так, например, во время приезда в Вену председателя Президиума

Верховного Совета СССР А. И. Микояна я по указанию нашего посла был прикреплен к нему для обеспечения перевода при его встречах с Федеральным канцлером (премьер-министром) Австрии Юлиусом Раабом, министром иностранных дел Леопольдом Фиглом и другими руководящими лицами страны.

Во время бесед с ними А. И. Микоян подчеркивал значение заключенного в 1955 году государственного договора четырех великих держав с Австрией о соблюдении ею нейтралитета. Было совершено несколько поездок по стране. В ходе одной из поездок он нанес визит одной герцогине (из древнего аристократического рода)— пожилой даме, проживавшей в старинном замке. Об этом подробно писала австрийская пресса, выражая при этом удивление, как же мог коммунист Микоян провести время в салоне австрийской герцогини. К сожалению, за давностью времен ее фамилию я не помню.

Беседы с австрийцами Анастас Иванович вел очень непринужденно, внимательно слушал собеседника, при необходимости вставлял в разговор шуточные замечания, используя присущий ему кавказский юмор; проявлял галантность в отношении беседующих с ним представительниц прекрасного пола. У нас хранится в альбоме памятный снимок, на котором он запечатлен в обществе жен и сотрудниц посольства. Очень удачно прошла пресс-конференция, на которой он умело и подчас очень тонко отвечал на вопросы.

Также в качестве переводчика мне пришлось

участвовать при встрече министра обороны Родиона Яковлевича Малиновского с министрами обороны Австрии Графом и Стефани, которые приезжали в Москву, соответственно, в 1958 и 1963 годах. Я также сопровождал их в поездке по стране.

Родион Яковлевич Малиновский, которого мы знали как хорошего организатора и осведомленного военачальника, произвел впечатление спокойного, рассудительного и эрудированного человека. Во время Гражданской войны в Испании он выполнял там задания по военной линии, имел опыт общения с иностранцами и в определенной степени владел испанским и французским языками, на завершающем этапе Великой Отечественной войны был командующим фронтом. Однажды во время приема он заметил, что моя рюмка оказалось недопитой. Я ему ответил, что мне надо с ясной головой переводить все беседы на государственном уровне. «Пейте, полковник, до дна, — сказал он, — от этого содержание и стиль вашего перевода будут только лучше».

Вспоминается интересная встреча с маршалом Советского Союза К. С. Москаленко на учениях Таманской дивизии. Эти учения запомнились тем, что там произошла некоторая задержка с появлением над учебным боевым полем нашей авиации. Хорошо, что наши австрийские гости этого не заметили. После учений был званый обед, который организовал для них командир дивизии. После нескольких тостов Кирилл Семенович Москаленко, который занимал тогда должность командующего Московским военным округом, неожиданно предложил тост за переводчика немецкого языка полковника В. В. Бочкарева. В моей практике это был единственный случай проявления такого внимания к переводчику.

В разные годы моей работы в разведслужбе мне приходилось встречаться и с другими известными военачальниками: на фронтах и на военных учениях, на совещаниях и на дипломатических приемах. Не забываются встречи с маршалами Советского Союза: командующим Киевским военным округом Василисм Ивановичем Чуйковым (при посещении по служебным делам штаба округа), с командующим 1-м Украинским фронтом Иваном Степановичем Коневым (перед началом подготовки Берлинской операции), а также с начальниками Генштаба ВС СССР Сергеем Семеновичем Бирюзовым и Матвеем Васильевичем Захаровым.

Маршал Буденный Семен Михайлович выступал с воспоминаниями у нас в Москве в здании Главного Управления. После этой встречи с нашим старейшим военачальником у меня запечатлелись в памяти эпизоды его участия в русско-японской войне. Я был рад получить от него книгу с автографом (дополнившую мою коллекцию подобных книг), поскольку впервые встретился с ним еще в декабре 1941 года. Он зашел в наше управление, когда я находился у входа в здание в качестве помощника дежурного. Он остался доволен моим четким докладом и попутно спросил, почему я одет в пограничную форму. Я доложил, что недавно прибыл с пограничного разведпункта и не успел получить другую форму.

Профессионально важно для разведчика умение по немногим деталям составить целое представление о человеке или событии. За счет этого встречи, подобные вышеописанным, несмотря на их краткость и отрывочность сведений, оставляли довольно четкое впечатление о людях. Кроме того, дополнительные контакты с иностранными деятелями позволяли, не привлекая внимания, лучше узнать их, а также ту или иную обстановку.

Глава 7

Заметки из азиатских дневников

ОПЕРАТИВНАЯ РАБОТА НА ВОСТОЧНОМ НАПРАВЛЕНИИ

В начале 60-х годов я был переведен на работу с азиатскими странами. Вначале мне было предложено вести две-три страны. После назначения на должность заместителя и затем начальника направления количество подопечных стран увеличилось.

Обстановка в ряде стран была напряженной, и прежде всего во Вьетнаме, где шла война с американцами; в Лаосе и Камбодже тоже временами имели место военные действия; взрывоопасная ситуация возникала подчас вокруг КНДР, а в КНР была в полном разгаре «культурная революция».

Все эти годы мне пришлось работать под непосредственным началом генерала Константина Ефимовича Сеськина[1]. Ко мне он никаких претензий не имел, ценил мою принципиальность и оперативность, а также общественные нагрузки

---

[1] Окончил специальный факультет Военной академии им. М. В. Фрунзе в 1940 году и поступил в распоряжение Разведупра ГШ КА. Служил в Японии. Военный атташе в Японии (1960—1964). Начальник управления ГРУ.

и поручения в интересах нашей службы. Он обладал феноменальной памятью, прекрасно разбирался в обстановке, глубоко анализировал получаемые сведения, умел прогнозировать события и принимать правильные решения. В целом работать с ним было не только интересно, но и полезно, поскольку имелась возможность перенимать лучшее из его стиля работы и использовать опыт его профессиональной деятельности в совместной оперативной работе.

КОМПЛЕКСНАЯ РАЗВЕДПОЕЗДКА ПО СТРАНАМ ЮЖНОЙ, ЮГО-ВОСТОЧНОЙ АЗИИ И ДАЛЬНЕГО ВОСТОКА

В начальный период работы после тщательного ознакомления со всем хозяйством и приобретения некоторого опыта работы на восточном направлении я решил, что для правильной организации оперативной работы необходимо непосредственно ознакомиться с регионом. Вскоре я был направлен «под прикрытием» на полтора-два месяца в страны Южной и Юго-Восточной Азии, а также Дальнего Востока. Поездка была совершена вместе с двумя высокопоставленными сотрудниками наших гражданских учреждений в рамках одной из международных программ.

В мои задачи входил комплекс работ: общая оценка ситуации, сбор необходимого материала и сведений по агентурной обстановке, осуществление маршрутной разведки, проведение агентурных встреч. В целом предстояло выявить возможности расширения оперативной работы в странах, где имеются наши легальные и нелегальные службы, а также организации этой работы в тех странах, контакты с которыми отсутствовали и где тогда еще не было наших посольств (Филиппины, Малайзия).

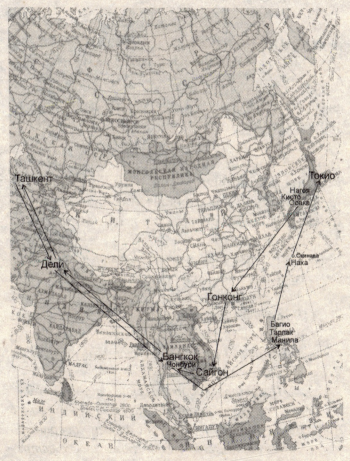

Маршрут по странам Южной, Юго-Восточной Азии и Дальнего Востока, начало 60-х гг.

У меня остались дневниковые записи того периода, выдержки из которых позволяют восстановить фоновую ситуацию в тех странах, которые мы посетили, но без выводов. «За кадром» описаний поездки остались собственно оперативные результаты.

ИНДИЯ: ДЕЛИ (ОЗНАКОМИТЕЛЬНЫЕ ПОЕЗДКИ)

Индия, а точнее, ее столица Дели были базовым пунктом поездки для микро-делегации из нашей страны: отсюда мы начали свое путешествие, отсюда и возвращались позднее домой. В рабочем плане в Дели, а точнее, в нашем посольстве предстояло лучше ознакомиться с общей ситуацией в регионе всей предстоящей поездки, уточнить и скорректировать поставленные задачи.

Первые впечатления. В пять часов вечера самолет индийской авиакомпании «Эйр Индиа» приземлился на Делийском аэродроме. Нас встретили чиновницы аэропорта в традиционной индийской одежде. После оформления всех необходимых формальностей мы выехали в наше посольство.

После прохладной весенней погоды в Москве поразила жаркая, засушливая погода в Дели; справа и слева от дороги совершенно выгоревшая сухая земля. Возле шоссе встретилось стадо «священных» коров. Все они худые, вялые и грязные. В основном преоблада-

ют коровы серого цвета. Они понуро ходят в поисках травы. Иногда выходят на шоссе, нарушая движение транспорта. К священным относятся и другие животные, — все те, в которых переселяются души умерших людей.

Так, в Дели до последнего времени было большое количество «священных» обезьян, которые доставляли много хлопот жителям, забираясь в квартиры и поедая продукты. После возникшей среди обезьян эпидемии полиомиелита значительная часть здоровых обезьян была отправлена в крупные зоопарки разных стран мира. В городе в то время жило много десятков крупных птиц — кондоров, которые в какой-то степени являлись санитарами города. Мы видели, как они восседали совершенно неподвижно на крышах домов, на ветвях деревьев, на мачтах теле- и радиоантенн, и временами слетали вниз за пищей. Ночными санитарами являлись также и шакалы, которые ночью пробирались в город и очищали мусорные свалки.

Наиболее чтимы традиции поклонения священным животным у парсов. В подтверждение рассказывается история: «Если парс едет утром на велосипеде, и ему в рот попадает комар, то он посчитает, что загубил человеческую жизнь и уже на следующий день поедет с повязкой на рту, несмотря на сильную жару».

Новый Дели. На следующий день мы отправились на обозрение нового города, который возник в 1911 году. Здесь расположены парламент, правительственные здания, президентский дворец, дипломатический городок, банки, казармы, магазины, здания фирм, кинотеатры и гостиницы. Здесь же расположены особняки местных богачей, это обычно двухэтажные здания с плоскими крышами; вместо заборов распространена живая изгородь. Дома утопают в зелени фикусов, пальм, акаций, эвкалиптов и других тропических растений.

У входа в резиденцию Неру была расположена охрана, солдаты верхом на лошадях белой масти. Во время нашего посещения резиденции оттуда выезжал на автомашине король Непала Махендра, а следом выехал и Неру, вместе с которым в машине находились водитель и один охранник, он же и адъютант; другой охраны не было.

Здания посольств составляют целый дипломатический квартал, или, как его там называют, анклав. Когда-то на этих окраинных пустырях каждая страна начала строить свои посольства, а также различные жилые и служебные здания. Крупные страны, как тогдашний СССР, США и другие, располагали территориями, которые тянулись на два-три квартала. В архитектурном отношении выделялось красивое здание посольства Пакистана, над которым виднелись несколько синих куполов.

Старый Дели. Если облик нового Дели привычен для европейского образа жизни, то Старый Дели резко отличается от него. Следуем на такси по главной улице, везде маленькие кривые улочки, отходящие в правую и левую сторону, на них расположены двухэтажные дома, на первых этажах расположено много лавок. Бросается часто в глаза загрязненность. В связи с широко развитым движением велосипедистов очень часто встречаются небольшие велосипедные мастерские, где работают 12—14-летние мальчики и девочки, которые буквально молниеносно заменяют выходящие из строя на жаркой погоде резиновые камеры.

Тут же на главной улице мы увидели заклинателей змей и дервишей с раскрашенным телом. Они играют на дудочках и демонстрируют своих змей, рассчитывая получить денежное вознаграждение или даже милостыню. Тут же можно встретить и различных фокусников; так, один из них держит при себе целое ведерко камней и за соответствующую мзду проглатывает их и затем отрыгивает их обратно в ведро. Рассказывают, что некоторые более опытные йоги силой воли могут остановить на две-три минуты свое сердце, что фиксируется тут же на кардиоаппарате. Бывали даже случаи, когда подобных лиц с их согласия закапывали в могилу на несколько суток, а затем откапывали их живыми.

В старом Дели поражает пестрота одежды, особенно у женщин. Преобладает белый цвет, как и везде в жарких странах. Большинство мужчин, в том числе официальные служащие: офицеры, полицейские, таможенники, шофера — в тюрбанах. Изредка встречаются мусульманки в чадрах.

На пустырях виднеются хижины бедняков, стены которых представляют из себя просто сложенные, но не скрепленные раствором кирпичи, покрытые сверху кусками ржавого железа.

Наконец мы добрались до Красного форта, где ранее размещалась резиденция вице-короля. Это комплекс нескольких дворцов, построенных из различных сортов мрамора в сочетании с инкрустациями из дорогого металла и дерева. У входа в Красный форт находится охрана. Самым красивым заданием в Красном форте является мраморный зал, построенный в 1634—48 годах. Перед входом в Красный форт целая галерея различных лавчонок с сувенирами.

Везде большое количество туристов, в большинстве это англичане и американцы; много также местных жителей из разных штатов. Гиды разговаривают в основном на английском языке, в том числе и с местными жителями, так как английский является связующим языком в многоязычной Индии.

Непродолжительное пребывание в стране позволило нам сделать вывод, что для индусских чиновников, в том числе таможенников, полицейских, кассиров, гидов и шоферов и т. д., свойственны медлительность и частично неорганизованность в решении ряда вопросов, а также элементы грубости, придирчивости и самоуверенности при общении с приезжающими иностранцами.

АЗИАТСКАЯ ВЕНЕЦИЯ: НЕДОБРОЖЕЛАТЕЛЬНЫЕ НЕОЖИДАННОСТИ

Таиланд был первой по маршруту страной, где предстояло выполнить серьезную оперативную работу: оценить агентурную остановку и возможности расширения работы. Характерной особенностью страны было то, что Таиланд (ранее Сиам) никогда не был колонией, а во время Второй мировой войны поддерживал Японию.

Именно в Таиланде предстояло собраться вместе представителям всех стран-участниц (более 20) в единую делегацию. Поездка делегации осуществлялась в рамках Международной программы по вопросам экономического развития азиатских стран. Программа включала в себя проведение заседаний в странах пребывания, встречи с государственными деятелями, учеными, артистами, посещение отдельных предприятий, а также ознакомительные поездки по стране.

В час дня самолет французской авиакомпании «Эр Франс» приземлился на аэродроме Дон Муанг в 30 км от Бангкока, столицы Та-

иланда. *Полет прошел благополучно, при ясной погоде. Впечатлили сверху мощные дельты реки Ганг и Ирaвади; просторы Бенгальского залива. Курс самолета прошел над центром столицы Бирмы Рангуном (ныне, соответственно, Мьянма и Янгон), затем над горным лесным массивом, расположенным в приграничных районах Бирмы и Таиланда.*

Едем на посольской машине с аэродрома в Бангкок. Здесь не так жарко, как в Дели, но зато утомляет сильная влажность. Муссонный климат создает ощущение постоянного пребывания в парилке. По сравнению с Индией значительно больше растительности. Вдоль шоссе много высоких акаций — все в ярко-оранжевых цветах. Много оросительных каналов. Сам Бангкок весь изрезан каналами, даже часть кварталов находится на воде, за что его иностранцы часто называют Азиатской Венецией. Впечатляют храмовые и дворцовые постройки.

В Бангкоке оживленное автодвижение — левостороннее (следствие пребывания здесь с конца XIX века англичан по неравноправному договору об их экстерриториальности), мало светофоров, быстрая и беспорядочная езда и много аварий. Помимо обычных такси много трехколесных открытых такси, так называемых сабло. В недавнем прошлом в городе было несколько десятков тысяч рикш. Одна предприимчивая японская фирма заключила договор на поставку сабло, и вскоре все рик-

ши были обучены вождению сабло. Характерно, что значительное количество водителей такси и сабло не умело читать и писать.

Первоначально создается впечатление, что Бангкок крупный промышленный центр, но это не так, там больше всего различных мелких мастерских, кустарных производств. Из промышленных предприятий встречаются лесообрабатывающие фабрики, рисоочистительные и предприятия легкой промышленности. При этом Бангкок — крупный портовый центр; он находится в 10—15 км от центра города. На рейде стояло несколько десятков судов, там были и пароходы, на которые шла загрузка риса.

В Таиланде распространена фруктовая пища, которая нам очень понравилась, особенно с учетом жаркой погоды. Это дыни, папайя, манго, мангустан, ананасы, кокосовые орехи и многие другие дары тропического плодоводства, выращиваемые на многочисленных сельскохозяйственных плантациях наряду с основными культурами — рисом, кукурузой, каучуконосами, пряностями. На рынках все фрукты стоят очень дешево; в ресторанах цены удваиваются. На приемах, в том числе и дипломатических, накрываются два стола: один — европейский с мясной пищей, второй — азиатский, вегетарианский, включающий только фрукты, овощи и безалкогольные напитки.

Мы остановились в третьеразрядном отеле «Палас», расположенном на Раджадем-нон-роуд. Наиболее крупными отелями являются «Ереван», «Рояль», «Рама» и новый отель «Таи». Большинство номеров снабжено кондиционерами; ими чаще всего пользуются иностранцы. Туристов здесь меньше, чем в Дели.

В отелях полно всяких мелких насекомых, хотя все окна имеют противомоскитные сетки. В моем номере, как я только вечером включил свет, появилось 10—15 розоватых маленьких ящериц. А через пару дней произошло первое неприятное приключение.

Утром мы втроем устроились у самого входа в отель за столиком, чтобы перекусить. Я был одет по-летнему — в шортах. К нам подошел официант, ловким движением взмахнул полотенцем, как это они умеют делать, и на подъеме моей голой ноги оказался скорпион. Я спокойно обратил на это внимание официанта, после чего он смахнул это насекомое на землю и растоптал ногою. Это был для меня первый сигнал.

Вечером, устав после дневных путешествий, я хотел быстрее лечь спать. Засыпая, обнаружил подозрительный шорох в комнате. Зажег свет и в углу обнаружил большого мохнатого паука, укус которого является смертельным. После этого отправился за дежурным, который вместе со своим помощником расправился с этим пришельцем. Это был для меня уже второй предупреждающий сигнал.

Вскоре мы отправились из Бангкока в курортный район на берегу Сиамского залива Южно-Китайского моря. Шоссе идет вдоль реки Менам-Чао-Прая, дельта которой называется «рисовой чашей» страны.

Через каждые 50 км на шоссе оборудованы шлагбаумы, все машины и автобусы останавливаются, взимается таможенный сбор на уход за дорогами. Тут же и полицейская станция, где проверяются все проезжие. Подобный порядок существует по всей стране.

Слева по шоссе тянутся каналы с пресной водой, на них бесконечной вереницей расположены деревни. Дома сделаны из бамбука, крыши заменяют листья банановых деревьев. Все дома поставлены на сваях, довольно высоких — до двух метров. Они предохраняют от сырости и змей. Кстати говоря, местные крестьяне часто держат у себя прирученных хамелеонов, так как их запаха не переносят змеи. В нашем посольстве я также наблюдал, как детишки играют с хамелеонами.

А рыбаки при выезде на лодках далеко в море на всякий случай берут с собою специальных змей, которые имеют свойство заранее предсказывать начало сильной грозы или тайфуна. Это дает возможность рыбакам заблаговременно возвращаться домой.

В некоторых местах вдоль моря идет добыча морской соли. На огороженную шлюзами землю насосами заливается вода, которая быстро высыхает, и остается слой соли.

Такие операции возможны лишь в сухие периоды года и исключаются в периоды тропических ливней.

Остановились мы в курортном городе Чонбури, на самом берегу Сиамского залива. На окраине города растут пальмовые рощи. На центральной улице богатые виллы, вокруг которых много фруктовых садов. На набережной у моря сотни небольших деревянных домиков, расположенных вблизи друг от друга и ничем не огражденных. Это так называемые бунгало, в каждом из которых по две комнаты и туалет со всеми европейскими удобствами. Рядом находятся хорошо оборудованные пляжи. В послеобеденное время каждый из нас остановился в бунгало. Здесь меня ожидало очередное третье испытание. Когда я аккуратно откинул с кровати легкое одеяльце, оттуда на меня зашипела кобра.

Случайность? Может быть. Но три раза и все со мной? Я не исключал и вероятность того, что это может быть и результатом действий каких-либо недоброжелателей (их было немало) в отношении нашей страны и ее представителей за рубежом. Хочу отметить, что в целом от общения с населением (представителями разных народов таи) остались очень приятные впечатления. Но все же это было время, когда шли ожесточенные бои во Вьетнаме, да и общая обстановка в странах Юго-Восточной Азии была неспокойной.

Как бы там ни было, но я решил в дальнейшем не снижать бдительность, чтобы не подвергать излишнему риску себя и связанных со мной людей и не ставить под удар действительные цели своей поездки.

НА ФИЛИППИНСКИХ ОСТРОВАХ: МАРШРУТНАЯ ПОЕЗДКА ПО ЦЕНТРАЛЬНОЙ КОРДИЛЬЕРЕ

Второй страной по маршруту следования делегации были Филиппины. Эта страна имела для нас особое значение, поскольку с ней еще не было установлено дипломатических и каких-либо других отношений, и мы были первыми советскими людьми, ее посетившими. При этом на территории Филиппин (как бывшей колонии США) располагались две крупные военные базы США, что представляло большой оперативный интерес в условиях ведущейся войны во Вьетнаме.

На следующий день в шесть часов вечера мы вылетели из Бангкока на «Боинге-707». Перелет до Манилы происходил без посадки. Сначала летим над Таиландом, затем —над Камбоджей. Местность внизу представляет собой слегка гористую равнину. Вот кончается прибрежная полоса Камбоджи и начинается Южно-Китайское море. Темнеет. Усиливается болтанка: мы летим над тайфуном. Справа, слева и внизу сверкают молнии. Самолет кидает в разные стороны. Пассажиры уже начинают волноваться, но вскоре мы благополучно приземляемся на Манильском аэродроме. Слово «благополучно» надо все-таки взять в кавычки, так как пилот сумел посадить самолет только на середине взлетно-посадочной полосы и едва успел затормозить возле бетонного забора.

Несколько слов о Филиппинах. По территории страна больше Англии, но меньше Японии. Филиппины располагаются на семи тысячах островах; из них только 2440 имеют названия, остальные — необитаемы. Самые крупные острова Лусон, Минданао, Негрос, Самар и Панай. Острова протянулись на 1800 км с северо-запада на юго-восток. Морской тропический климат; почти нет разницы между теплыми и холодными месяцами. Почвы — красноземы.

Три четверти поверхности страны составляют горы с глубокими ущельями. В горах большое количество вулканов, из них 10 — действующие; часто происходят и землетрясения. К западу от архипелага находится филиппинская впадина, имеющая глубину до 11 тысяч метров. В районе островов образуются мощные тайфуны.

Основная часть 23-миллионного населения — филиппинцы, народ малайского происхождения; проживает около полумиллиона китайцев. Около 80 % исповедуют католическую веру.

В VIII столетии китайцы уже имели связи с этой страной, а в XII веке, во время монгольских нашествий, многие из китайцев бежали именно сюда. В 1521 году португальский мореплаватель Фернандо Магеллан достиг Филиппин и был там убит. Лишь в 1571 году испанцы под командованием Мигуэля Легаспи завоевали основные острова и назвали их в честь короля Филиппа II — Филиппинскими. Более 300 лет они владели страной, хотя голландцы, португальцы и англичане также не раз пытались это сделать. В 1898 году началась испано-американская война; испанский флот сдался противнику, и острова стали американскими. В 1942 году их захватили японцы, а в 1946 году страна обрела независимость.

Местные власти Манилы встретили нас всех очень приветливо и отвезли в гостиницу, а затем, несмотря на позднее время, пригласили на торжественный вечер, специально организованный правительством для делегации. Во время знакомства к нам как советским гражданам, таким редким гостям, проявляли особый интерес и любопытство. После официальной части начался концерт: посередине зала были разложены бамбуковые палки, в ритм отстукивания которых друг о друга, местные девушки исполняли испанские танцы, а приглашенные артисты пели филиппинские песни.

Утром поднимаемся рано и после завтрака отправляемся в поездку по стране. Проезжаем сначала по городу, через его центральную часть — мимо парламента и университета. Здесь все напоминает старую Испанию: и узкие улочки, и старинные церкви, и внешний вид домов, даже быт и одежда населения. Вообще Филиппины — это редкое сочетание в одной стране азиатского, европейского и американского.

Заметно, что американское влияние начинает преобладать. На улицах везде вывески и рекламы на английском языке, в магазинах большинство продавцов говорит по-английски. Государственными языками являются три языка: филиппинский — тагалог, испанский и английский. Более пожилое поколение говорит по-испански, но их становится все меньше.

Итак, мы едем в Багио, расположенный высоко в горах, которые называются Центральная Кордильера, в 180 км к северу от Манилы. Наш автобус выезжает на автостраду, недавно построенную американцами; вторая полоса ее не была готова. К сожалению, автострада проходит через ряд населенных пунктов, поэтому общая скорость движения по ней сокращается.

На автостраде через каждые 15—20 км шлагбаумы и за ними полицейские посты, на которых идет проверка всех проезжающих, а через 30—40 км расположены полицейские станции, снабженные радиосвязью.

В городе Тарлаке, административном центре провинции, мы останавливаемся, это 70 км от столицы. Вблизи города находится крупнейшая авиационная база США, а в самом городе много американских и филиппинских солдат и офицеров. Вокруг города, в банановых и пальмовых рощах, встречаются деревни.

В поле зрения появляется гора высотой до 400 метров, из которой валит дым, — это действующий вулкан. Гора имеет конусообразный вид, нижняя часть в зелени, верхняя в камнях и остатках лавы.

На 120-м километре дорога раздваивается: правее идет дорога на Багио, а левее — на Сан Фернандо, город-порт, расположенный на западном побережье Филиппин. Дорога на Багио идет круто наверх, петляя все время в виде серпантина; этот подъем продолжается почти 30 км. Местность очень красивая, проезжаем большое ущелье, очень напоминающее Дарьяльское на Кавказе. Справа и слева густые зеленые заросли, временами нашему взору открываются совершенно красные головы гор. Мы уже находимся на высоте 3000 метров над уровнем моря.

Подъезжаем к Багио. Там много парков и пансионатов. На лето туда приезжают члены правительства, в городе находятся филиалы иностранных посольств. Дело в том, что Багио — это единственное место во всем этом колоссальном регионе, где более или менее европейская температура. Во время нашего пребывания температура ночью опускалась до 12—14 градусов, и это в начале мая. Вечером приходилось надевать пиджак и свитер.

Вот почему американцы обосновали здесь свои штабы и санатории. В самом центре Багио расположена американская военная база Джон Хей, где находятся также дома для военных летчиков.

Мы останавливаемся в отеле «Пинес-отель» («пинес» означает «сосновый» — в Багио очень много сосен), расположенный в самой фешенебельной и высокой части города, на горе Лунета Хил. В отеле 150 номеров и три больших зала, рассчитанных на проведение конференций и концертов. Вечером было проведено очередное заседание прибывших делегаций; оно в отличие от всех предыдущих проходило при свете свечей. Мне оно запомнилось тем, что в начале своего выступления я сказал несколько приветственных фраз на языке тагалог, что произвело на всех большое впечатление. Я это сделал намеренно, рассчитывая на последующее расположение местных организаторов. После этого состоялся концерт, на котором выступали местные крестьяне в своих национальных костюмах, с копьями в руках.

На следующий день мы выехали на электростанцию в небольшой город Бинга, в 30 км от Багио. Здесь в горном ущелье построена гидростанция с использованием немецкого оборудования. Шоссе проходит по гребню вы-

*сокогорного хребта, и мы любуемся удиви-
тельными пейзажами.*

*Затем возвращаемся в Багио и оттуда в
Манилу. Вечером совершаем прощальную прогулку по набережной Дуи, которая протянулась на десять километров вдоль Манильской
бухты. На набережной расположены многие
посольства и особняки дипломатов. Вдалеке
видны американские базы Субек-бей и Сан-
глей-пойнт.*

*Наша прощальная прогулка и визит на
Филиппины завершены, и мы отправляемся
на аэродром для поездки в следующую по очереди страну.*

Пребывание на Филиппинах было исключительно важным в оперативном плане. Помимо
стандартного набора информации, мне предста-
вилась возможность проездом легально (без на-
рушения действующих правил пребывания в
стране иностранцев) осмотреть две американские военные базы (авиационную и военно-морскую) и соответствующую инфраструктуру, оценить в целом обстановку.

В то же время я постоянно ощущал зоркое
наблюдение и за собой, а не только любопытство
и интерес. Доглядывали и открытым образом: в
Маниле к нам постоянно был приставлен полицейский, который даже хотел ездить постоянно с
нами по городу в одной машине. Это уже было
слишком, и я под благовидным предлогом предложил проявлять такую «заботу» в отдельной, со-
провождающей нас машине. Подобную «заботу»

испытывали и делегаты ряда других государств. Впрочем, за необходимостью такой опеки со стороны местных властей было и желание оградить иностранных гостей от каких-либо агрессивных действий: в самих Филиппинах того времени нередки были антиправительственные выступления, партизанское движение в ряде районов.

Как бы там ни было, но в этих условиях мне пришлось отменить одну предполагавшуюся ранее встречу в Маниле.

ПЕРЕЛЕТ ЧЕРЕЗ ТИХИЙ ОКЕАН: ПОСАДКА В ОКИНАВЕ

Днем мы покидаем манильский аэродром и снова, уже в который раз, на самолете французской авиакомпании вылетаем вдоль побережья строго на север, пересекая знаменитую Филиппинскую впадину. Даже с большой высоты заметен резкий перепад в глубине океана.

Цвет прибрежных вод светло бирюзовый, подальше от берега вода уже темно-синего цвета. Прекрасное зрелище представляют собою Филиппинские острова с воздуха. Слева находится основной остров Лусон, противоположный берег которого не видно. Восточнее и севернее острова видно много небольших островов и островков, большинство из них имеют конусообразную форму и покрыты зеленью, а для побережья характерны причудливые очертания. Кое-где из кратеров действующих вулканов поднимается дым.

Через полчаса полета все острова остались позади, и мы летим над безбрежным Тихим океаном, изредка в поле зрения попадаются следующие по курсу пароходы. Через два с половиной часа внизу просматриваются совсем невысокие и плоские острова, один из них Окинава. Это — самый большой остров архипелага Рюкю, являющегося японской территорией.

Делаем посадку вблизи города Наха, который является административным центром Окинавы. Первое впечатление, что самолет садится прямо в море. Дело в том, что часть взлетно-посадочной полосы оборудована на воде.

Мой особый интерес вызвал аэродром, буквально забитый боевой и военно-транспортной авиацией США. В связи с войной во Вьетнаме идет переброска войск и техники во Вьетнам и Таиланд.

После двухчасовой остановки продолжаем полет на север. Небо затягивают тучи, начинается сильная болтанка. Вечером самолет совершает посадку в токийском аэропорту.

Посадка в Нахе была исключительной удачей, поскольку из-за нахождения на Окинаве крупной американской авиабазы доступ туда нашим дипломатам был закрыт. Это было своеобразное «белое пятно» в оперативной деятельности по Японии.

ПУТЕШЕСТВИЕ
ПО ЗАГАДОЧНОЙ ЯПОНИИ

В Японии можно было несколько «расслабиться» и осуществлять оперативное знакомство со страной больше в плане организационных вопросов, поскольку оперативная деятельность нашей службы в этой стране была давно и хорошо отлажена. Помимо организационных вопросов разведдеятельности в самой Японии, меня также интересовало ее место и роль в «разведтеатре» азиатского региона, а также существующие возможности для нашей службы в этом регионе.

Итак, мы приземлились в Токийском аэропорту Ханеда, на территории, в свое время отвоеванной японцами у моря. Это — крупнейший международный аэропорт, где ежедневно совершают посадку и взлетают сотни воздушных лайнеров. В качестве носильщиков свои услуги предлагают японские студенты. Им разрешается в качестве приработка по нескольку часов в определенные дни недели обслуживать пассажиров. Когда два из наших носильщиков-студентов узнали, что они обслуживают советских специалистов, то они проявили к нам особую заботу и отказались от оплаты, и нам удалось дать им лишь сувениры в виде открыток с фотографией Гагарина.

С аэродрома нас отвезли в одну из лучших гостиниц Токио «Гинза-отель». Через несколько дней тут же разместился и Гагарин. В качестве обслуживающего персонала заня-

ты молодые миловидные японки. Все они одеты в японские национальные одежды (за спиной небольшой рюкзак из куска цветной ткани). Обслуживание очень хорошее. Комнаты небольшие по размеру, но очень удобные.

Ночь прошла неспокойно. У некоторых наших товарищей ночью началась резкая головная боль, которая продолжалась несколько часов. Это связано с резкими атмосферными колебаниями. Бывают случаи, когда новых сотрудников нашего посольства приходилось откомандировывать из Японии в СССР в связи с непрекращающимися головными болями.

Утром мы заехали в советское посольство, находящееся вблизи токийской телестанции, познакомились с послом Н. Т. Федоренко. Посольство занимает довольно большой участок, но везде чувствуется недостаток помещений и страшная скученность. Напротив посольства расположена полицейская станция, где ведется круглосуточное дежурство. Привратником в посольстве служит наш соотечественник, эмигрировавший в Японию еще до революции.

Сразу после встречи в посольстве направляемся на крупнейший сталелитейный завод в Тибе, который производит до 5 млн тонн стали в год. Две проблемы производственного порядка беспокоят на этом заводе японцев. Первая проблема — постепенное проседание грунта, и вторая проблема — трудности с доставкой воды, столь необходимой для производства стали. Для этой цели японцы откачивают подземные воды, но и их начинает не хватать. И в связи с этим японцы занимаются сейчас разработкой проблемы многократной очистки использованной воды, которая уже использовалась для производства стали. И в этом направлении они уже достигли больших успехов. На заводе бросается в глаза организованность в работе и опрятность внутренних помещений и заводских площадок.

После осмотра завода мы вернулись в Токио, пообедали, отдохнули и отправились на осмотр города. Столица протянулась в поперечнике на 100 км. Население около 10 млн. Каждые три минуты рождается новый житель, и через 10—20 лет население Токио может удвоиться. С Токийского вокзала ежедневно отправляется более двух тысяч поездов, перевозящих более полумиллиона пассажиров. На улицах курсирует более 300 тысяч автомашин и 15 тысяч такси.

Над безбрежным океаном домов и улиц возвышается ажурная башня телевидения, имеющая высоту 333 метра. Город развивается стихийно. Архитектурные ансамбли явление здесь редкое. Город два раза в этом веке «начинал с нуля» — после землетрясения в 1923 году и американских бомбардировок.

Отправляемся в район трущоб Санья. Длинные ряды «столовых» на колесах. В магазинчиках продают по дешевке ворованную поношенную одежду. Многие встречные «под градусом». Кругом ночлежки, где ютится токийское дно.

Посещаем крупнейший универмаг «Матсуя», единственный в Японии оперный театр, совершаем поездку на метро, которое здесь очень разветвлено. Достаточно сказать, что в Токио имеется несколько сот станций метро. Имеется также метро в Осаке, Нагое и Киото. Наименования станций обозначены японскими иероглифами и на латинице. В Японии в отличие от некоторых капиталистических азиатских стран европейцам и вообще белым разрешается пользоваться вместе с японцами одними и теми же средствами транспорта. В метро мы встретили много японцев, имевших на лице белые марлевые повязки, которые обязаны надевать все лица, имеющие насморк.

Несколько раз мы пользовались японскими такси. Это автомашины «Датсун» (типа «Москвич») и «Тойопет» (типа «Волга»). Таксисты произвели на нас хорошее впечатление. Они категорически отказываются от чаевых. Лишь в одном случае, когда таксист заехал на территорию нашего посольства и помог отнести вещи, мы смогли дать ему чаевые.

Совершаем поездку по главным улицам города. Тим огромное количество светящихся реклам, на улицах много розничных продавцов, продающих игрушки, воздушных змеев, летающих крокодилов. В переулках много кафе и неофициальных публичных домов. На улицах шныряют мужчины, показывающие фото женщин, которые предлагают свои услуги. Ведут они себя очень нахально и бесцеремонно тащат вас за рукав, так что теряться нельзя и надо давать им немедленный отпор.

Осматриваем в составе делегации императорский дворец и прилегающий парк. Моим хобби во время всех поездок в данном регионе было покупка красивых бабочек. Когда была возможность, я и сам их ловил, оплачивая для этого соответствующую лицензию. В императорском парке это тоже удалось сделать, и еще одна бабочка украсила мою коллекцию. И вскоре за мною среди сотрудников делегации установился псевдоним «Мистер Баттерфляй», чем я горжусь и сегодня.

Вечером поднялись на лифте на верхнюю площадку телецентра и с высоты 300 метров наблюдаем за вечерним Токио. Город колоссален. Не следует забывать, что в 1923 году погибло от землетрясения около 100 тысяч человек. Учитывая это, современные здания строят с антисейсмическими швами.

На следующий день утром выехали на автобусах на Токийский железнодорожный вокзал, построенный в восточном стиле, и сели в экспресс, идущий до крупного японского города и порта Нагоя. Японские поезда напоминают немецкие. Спальных мест в них почти нет, есть только сидячие с опускающимися спинками. Японская колея уже нашей, но сейчас японцы строят от Токио до Осаки новую железную дорогу с широкой колеей, где поезда смогут развивать скорость до 200 км в час. Дорога эта строится в сложных условиях горного рельефа. Одновременно идет строительство крупной автострады, которая также свяжет Токио с городом Осака.

Поезд проходит по очень красивой местности, слева океан, пляжи, курортные городишки, справа горы, в том числе и Фудзияма, покрытая вечнозелеными лесами, прекрасные озера Аши, Хамана. Часто встречаем установленные на скалах изображения Будды. В Японии две религии — буддистская и синтоистская, последнюю исповедует не более 15% населения. Религия особой роли в жизни современной Японии уже не играет, ее больше исповедуют в качестве традиции.

Вот мы и в Нагое. Останавливаемся в «Нагоя-отель». Вечером идем осматривать город, население которого более миллиона. В городе имеется метро, станции которого представляют из себя целые подземные городки, где имеется много магазинов, ресторанов, кафе и прочих заведений. В Нагое мы впервые заметили большие игорные дома, всегда заполненные публикой. Это своего рода вертикально расположенный бильярд, так называемый «починко», который очень распространен в Японии. В каждом городе имеются десятки таких заведений.

Утром отправляемся на местную водонапорную станцию, снабжающую город водой, затем посещаем крупную тепловую электростанцию, находящуюся на берегу океана. Точнее, она расположена на насыпи, сделанной на месте, где был раньше океан. Генераторы английские, все остальное — японское. Мощность станции равна Днепрогэсу. Работает на привозном топливе, угле и нефти. Затем осматриваем крупный сталелитейный завод, выпускающий до четырех млн тонн стали в год. Завод построен несколько лет тому назад на территории, также отвоеванной у океана. Все оборудование японское.

На следующий день садимся на поезд и едем в город Осака. Дорога проходит через центральную часть страны, среди высоких гор и ущелий, многократно проезжаем многочисленные туннели. Едем мы по единственной в стране частной железной дороге. Через несколько часов мы уже в крупнейшем японском городе Осака, насчитывающем более 3 млн человек.

Останавливаемся в гостинице «Осака-отель», расположенной в центре города на набережной небольшой реки, стекающей с гор. После ужина отправляемся в город на прогулку. Темп жизни почти такой же, как и в Токио. На основных магистралях города установлены столбы, на которых светятся две цветные цифры. Одна из них обозначает количество аварий, а вторая — число жертв в городе за текущий день. Причем в случае увеличения количества жертв и аварий автоматически включаются следующие цифры. Это сделано для того, чтобы пешеходы и водители всегда помнили о безопасности и действовали более осмотрительно. Свет светофора или указание регулировщика — это закон для пешеходов. В этом отношении японцы еще более дисциплинированны, чем немцы.

Прошли в торговый район города. Здесь более чем на два километра растянулся своего рода пассаж, где сосредоточено много тысяч магазинов. Тут же поблизости находятся неофициальные публичные дома, причем наиболее интересные и дорогие обитательницы этих домов сидят в национальном убранстве перед домами.

На следующий день продолжаем осматривать город, а также посещаем город Амагасаки, расположенный вблизи Осаки. Этот город, так же как и Осака, постепенно опускается в океан. Процесс опускания города Амагасаки проходит, однако, быстрее по сравнению с другими городами Японии: за последние 20 лет одна часть города опустилась более чем на два с половиной метра. Таким образом, вода из протекающих здесь речек в период прилива или шторма уже не может вытекать в океан, и для того, чтобы избежать наводнения, японцы сделали на месте впадения речки в океан шлюзы, которые закрываются во время прилива или шторма, а избыточная вода перекачивается мощными насосами через многометровую дамбу в океан. Везде в населенных пунктах, близко примыкающих к океану, построены высокие защитные дамбы. Это защита от многометровых волн цунами, которые образуются в период тайфунов или землетрясений, происходящих под дном океана. И такая предусмотрительность не напрасна: несколько лет ранее в городе Нагоя и городе Осака во время сильнейшего тайфуна были залиты и уничтожены целые кварталы этих городов.

Как образно выразился один японский инженер, японцам приходится бороться с двумя врагами: с фронта на них наступает тигр — океан с тайфунами, а с тыла — волк: угроза затопления местности в связи с понижением поверхности земли. Для борьбы с этим явлением японцы прилагают большие усилия и получают хорошие результаты. Эта проблема также беспокоит США, где отмечается просадка грунта в Калифорнии, а с некоторых пор стала интересовать и нас, так как отмечена просадка грунта, измеряющаяся сантиметрами, в Санкт-Петербурге (а теперь и в Москве). Опускание, или, научным языком, — проседание грунта, связано, по мнению ученых, с рядом факторов. Это может быть результатом тектонических подвижек почвы, усиленной откачки подземных вод и газа, или давления крупных промышленных районов на мягкие грунты, или сочетания этих факторов.

Очень наглядным свидетельством проседания грунта явилось для нас в Осаке следующее обстоятельство. На местной реке пространство между мостами и поверхностью реки сократилось в результате проседания почвы до минимума, то есть сейчас там может пройти лишь лодка, в то время как раньше проходили катера и баржи. Так выглядит большинство мостов в Осаке.

Огораживая дамбами наиболее угрожаемые участки, японцы одновременно решают задачи расширения территории. В прибрежных районах, где сравнительно небольшие глубины, японцы выносят далеко в океан замкнутые дамбы (до 5—6 км). Затем из океана накачивают пульпу, вода уходит, а песок остается. На намытых и отвоеванных у океана территориях строятся заводы, тепловые электростанции или выращивают сельскохозяйственные культуры.

В Осаке мы осмотрели также завод прокатки труб. На этом заводе японцы работают над важной проблемой, а именно над созданием антикоррозийных труб.

Затем мы осмотрели крупнейший в Японии фармацевтический завод, а также дворец императора, где встретили детей-экс-

207

курсантов. Воспитанию детей в Японии уделяется очень большое внимание. Вечером мы выехали на автобусах в бывшую столицу Японии — город Киото.

Вот мы и в Киото. Этому городу более одиннадцати веков. Он был древней столицей Японии, и лишь во второй половине 19 века столица была перенесена в Токио. Этот город по своей красоте превосходит все остальные крупные центры Японии. Недалеко от города находится красивое озеро Бива. Город расположен у подножья красивых гор. Вечером на одной из ближайших гор светится громадный красный иероглиф. В городе более миллиона населения. Здесь находится крупный университет и другие вузы. На окраинах много средних и мелких промышленных предприятий.

Остановились мы в гостинице «Киото-отель», расположенной на центральной площади города. Днем мы отправились на осмотр городского парка, расположенного у подножия горы, и любовались двухэтажным миниатюрным императорским дворцом, крыша которого вся покрыта золотом. Здесь я впервые видел больших красивых бабочек, порхающих над газонами.

После осмотра парка мы отправились в шрайн-молельню, расположенную в центре города. У входа в молельню находятся большие своеобразные красивые ворота, у входа в которые продаются различные сувениры. Вечером совершил прогулку по городу и купил у натуралиста несколько бабочек. Когда он узнал, что я русский, то пошел звать соседей, чтобы показать им первого русского, который появился в магазине. На другой день мы покинули гостеприимный Киото. По дороге осмотрели строительство автострады Киото — Кобе и отправились на автобусе в Осаку.

В автобусе нам рассказали о случае, недавно произошедшем в городе Хиросима. Там, у памятника жертвам Хиросимы, был митинг студентов, протестовавших против возобновления атомных испытаний. Один из студентов, выступивших на этом митинге, в знак протеста публично сделал себе харакири. Кстати, японцы очень болезненно относятся ко всем вопросам, связанным с атомными испытаниями. Во время дождя все японцы немедленно надевают плащи и раскрывают зонты. Они установили регулярный осмотр вылавливаемой в океане рыбы и много ее бракуют в связи с повышенной радиоактивностью.

Мы снова в Осаке — на вокзале. Везде в Японии на вокзалах и поездах, в общественных местах можно заметить высокую организованность и дисциплину. Дети с самого малого возраста приучаются к порядку и организованности. Это заметно и по внешнему виду людей. Оборванцев и пьяниц встречаешь редко. В стране введено восьмилетнее обязательное обучение. Женщины не таскают детей на руках. Для переноски малых детей используются специальные рюкзаки, в которые помещается ребенок.

Мы выезжаем из Осаки, и путь наш лежит к юго-западному побережью острова Хонсю. В поезде разговорились с японскими инженерами. Они прямо сказали, что русских не любят, но американцев ненавидят.

Проезжаем мимо портового города Симоно-секи, где в 1905 году был подписан позорный для нас мир с Японией. Это большой портовый город на западном побережье Японии, на берегу Японского моря. Здесь в заливе стоит много океанских пароходов, в самом городе располагаются крупные судостроительные верфи. Пролив в 5—6 км разделяет острова Кюсю и Хонсю. Глубина пролива до 100 метров. И вот на глубине 200 метров построено два туннеля, один для автомашин, другой для поездов. Когда наш поезд оказался глубоко под водой, у пассажиров стало закладывать уши.

Проезжаем мимо крупной японской и американской воздушной базы Фукуока. В воздухе слышен непрерывный гул моторов. Рядом крупный город Хаката. Здесь покупаем сувениры, чудесные гипсовые фигурки, которыми и славится город. Далее едем в префектуру Сасебо, крупный сельскохозяйственный район, где выращивается рис. Здесь, на расстоянии 900 км к югу от Токио, значительно жарче. Знакомимся с местной ирригационной системой, посещаем крестьянские дома. Бро-

сается в глаза чистота в деревнях. Жилые помещения в домах расположены на 70—80 см выше поверхности. Везде раздвижные стены, а на полу циновки. При входе в комнаты японцы снимают обувь. Землю крестьяне обрабатывают очень тщательно. Мы фотографируемся с крестьянами и их детьми.

Из Сасебо выезжаем обратно в Хаката, где ночуем, а затем экспрессом Хаката — Токио возвращаемся в столицу Японии. На следующий день отправляемся в аэропорт в Ханеда. Здесь мы становимся свидетелями крупной демонстрации обслуживающего персонала аэропорта, который выступает за улучшение своих социальных прав. Эта демонстрация проходит очень организованно и производит на иностранцев большое впечатление. Наконец, демонстрация окончена, мы садимся в самолет, который берет курс на юго-запад.

Насыщенный период пребывания в Японии позволил лучше ознакомиться с условиями оперативной деятельности нашей службы в этой стране, обсудить и решить ряд оперативных вопросов на месте. Кроме того, в информационном и познавательном плане это была наиболее насыщенная часть поездки. В целом поездка была завершена: оставшийся маршрут, по сути дела, уже был возвращением (с двумя значимыми посадками) в начальный пункт этого своеобразного путешествия — в Дели.

КРАТКАЯ ОСТАНОВКА — «ЗАКЛЮЧЕНИЕ» В ГОНКОНГЕ

С трудом заставил себя освободиться от ярких и неотпускающих впечатлений поездки по Японии. Нужно было собраться, сконцентрироваться, «прокрутить» исходные данные и поставленные задачи по следующему месту пребывания делегации. В разведплане это важное место — Гонконг. Даже простой визуальный осмотр был значим.

Несколько слов об истории и статусе города. Он был отторгнут Великобританией у Китая в 1842 году; его территория была расширена затем в два приема в 1862 и 1890 годах, дополнительная часть его территории была арендована Великобританией в 1898 г. Во время Второй мировой войны им владели японцы. В настоящее время он стал составной частью КНР, его население более трех миллионов человек, в основном китайцы.

Гонконг — это целая система островов, часть из них густо заселена, например, остров Виктория, остальные заселены меньше. В бухтах между островами стоят на рейде или на причалах десятки крупных океанских пароходов, небольших кораблей, катеров и целая армада китайских джонок. Характерно, что около 100 тысяч человек круглый год живет в джонках. Для меня совершенно не удивительно, что именно этот регион стал рассадником вируса атипичной пневмонии: условия жизни в джонках явно антисанитарные.

В Гонконг, расположенный на юго-востоке Китая — на острове Сянган (Виктория) и частично на полуострове Цзюлун, мы прибыли из Токио в начале дня. Аэродром здесь искусственный: в море сооружена насыпь из камней шириною в 40 метров и длиною до 3 километров. Условия взлета и посадки сложные, так как везде довольно высокие горы и часто бывают туманы.

Посадка у нас была такая же рискованная, как и в Маниле. Самолет вынырнул из сплошного тумана, сел на середине взлетно-посадочной полосы, резко затормозил и остановился в самом ее конце.

Аэродром во время нашего прибытия скорее напоминал американскую военно-морскую базу: на нем находилось несколько десятков истребителей и военно-транспортных самолетов.

От самолета нас повезли на автопоезде в аэровокзал, где всем пассажирам, за исключением советских граждан, разрешили выезд в город. Нас поместили в специально огороженное помещение и приставили охрану из числа китайских полицейских. Единственно, чего нам удалось добиться, так это то, чтобы нам принесли фруктовую воду и памятные открытки с видами Гонконга.

В городе находится до 5100 предприятий, на которых занято до 220 тысяч рабочих, на предприятиях производится сталь, суда, текстиль, продукты питания и предметы бытового обслуживания.

Через порт за год проходит более 10 тысяч судов, аэродром пропускает до 300 тысяч пассажиров. Гонконг является одним из немногих городов и портов, где не существует таможенных пошлин, и в силу этого он является местом притяжения всяких спекулянтов, контрабандистов и жуликов. Цены на ряд товаров, табак и винные изделия значительно ниже, что в других странах. Поэтому многие пассажиры запасаются сигаретами и винными изделиями в пределах допустимых норм.

Облик города типично китайский — узкие улочки, огромное количество лавчонок, везде чувствуется скученность. В богатой части города много небоскребов высотой в 30—40 этажей. Строительство их связано главным образом с отсутствием свободной территории и очень высокими ценами на землю.

В городе много мелких карманных воришек. Стюардесса нашего самолета всех нас специально предупредила, чтобы мы ничего, даже мелочей, не оставляли в самолете во время поездки в аэропорт. Некоторые пассажиры пренебрегли этим советом и убедились, что у них исчезли дорожные карты, темные очки, веера и прочее.

Через три часа нас отвозят к самолету, следующему по маршруту Токио — Париж.

После взлета мы летим над Южно-Китайским морем, затем вдоль побережья ДРВ и Южного Вьетнама. Начинается равнинная местность, залитая водой, это — дельта Меконга. Лишь кое-где видны островки зелени, на которых расположены деревни. Сейчас период ливней, и большинство рисовых полей стоит под водой.

Военный вид аэродрома в Гонконге, закрытый режим нашего пребывания там создавали ощущение военного времени. Тем более что следующим пунктом нашего пребывания был Сайгон. Строгость военного режима, которую мы почувствовали в Гонконге, соответствующим образом настроила нас. Мы приближались к военному очагу в Юго-Восточной Азии.

УСПЕШНАЯ ОСТАНОВКА В САЙГОНЕ И БЕСПОКОЙНОЕ ВОЗРАЩЕНИЕ ДОМОЙ

Предстояло не только побывать на земле, где шла война, но и где она активно подготавливалась одной из сторон. Сайгон как центр дислокации американских войск, разных штабных инстанций представлял особый интерес уже не в общеоперативном плане, а в совершенно конкретном. И информация интересовала соответствующая, характерная для военных действий. Нужно было также понять возможности решения целого ряда конкретных проблем ее своевременной передачи.

Мы прибыли в Сайгон (теперь он называется Хошмин). На аэродроме та же картина, что и в Гонконге, и Нахе. Стоит много американских истребителей и военно-транспортных самолетов. Одновременно ведутся работы по расширению и реконструкции аэродрома, который окружен траншеями, где круглосуточно дежурит охрана. Чувствуется, что в стране идет война. Как стало известно, незадолго до нашего приезда на аэродром был совершен налет вьетнамских партизан.

В Сайгоне мы пробыли три часа. Но, в отличие от Гонконга, здесь нас в город все-таки выпустили. Поскольку мы опять оказались на Индокитайском полуострове, то невольно возникли ассоциации с Таиландом. Город во много раз меньше Бангкока; лишь несколько улиц являются центральными, а все окраины представляют собой обычные деревни, которые почти ничем не отличаются от тайских.

Всего три часа пребывания в Сайгоне стоило дорогого и в оперативном, и в агентурном плане. Об этом стоит и уже можно рассказать подробнее, что и будет сделано чуть далее.

Возвращались мы домой через Бангкок, где была просто краткая остановка, далее — Дели. Там мы остановились на более продолжительное время, так как предстояло подвести предварительные итоги поездки, обсу-

дить неотложные оперативные дела по региону.

Уже было лето, и температура резко повысилась. Выезжая в довольно длительную поездку за город, мы были вынуждены останавливаться каждые 60 минут для отдыха и следить, чтобы случайно не задеть пальцами металлические части автомашины. Температура воздуха в тени была выше 50 градусов.

Поздно вечером мы вернулись в гостиницу «Амбасадор» и, получив номера, вышли на веранду четвертого этажа. Здесь отдыхала группа индусов и разговаривала на английском языке. Один из них воскликнул: «Господа, какая сегодня чудесная прохладная ночь!» Я не выдержал и, подойдя к ним, спросил: «Господа, мы находимся проездом в Дели, а сами живем на севере. Интересно, какая же сейчас температура воздуха?» Все мы, а также индусы, подходим к градуснику и выясняем, что в два часа ночи температура воздуха по Цельсию составляла +39 градусов.

В Москву возвращались через Ташкент. Казалось, что все сложности пути уже позади и можно расслабиться. Но все-таки был повод для беспокойства — санитарно-медицинский. Мы уже привыкли, что на контрольно-пропускных погранпунктах в азиатских странах помимо паспорта не менее тщательно изучали медицинский сертификат: отметки о прививках, болезнях, о пре-

бывании в зонах эпидемий. На подлете к Ташкенту у нас были основания для беспокойства: после пребывания на Филиппинах нам поставили штамп о пребывании в зоне эпидемии холеры, хотя мы это никак не ощутили. В других странах у нас уже были неприятные ситуации, когда нам хотели устроить карантин.

О строгости ташкентских служб мы знали, что я и испытал на себе, но уже совершенно по другому поводу. Отметка о холере осталась без особого внимания, очевидно, за давностью срока. А вот моя простуда привлекла пристальное внимание: из-за этого меня хотели поместить в карантин. Выручила моя предусмотрительность, правда, по другому поводу. К концу поездки один мой чемодан был полностью забит проспектами, картами, брошюрами, книгами и прочими информационными и рекламными материалами о странах пребывания и прочих интересующих нас азиатских стран. Все это, конечно, уже привлекало внимание, а впереди было еще несколько границ. Поэтому я решил оформить этот чемодан как диппочту, что и было сделано в нашем посольстве в Японии. В Ташкенте это оказалось единственным убедительным аргументом, чтобы не задерживать мой вылет в Москву.

В завершение хотелось бы подвести общие итоги по этой неординарной поездке. Самая основная ее задача — непосредственное ознакомление с отдельными странами Азии в разведплане — решена во всей полноте. Прикрытие международной программы оказалось весьма удачным: принимали, показывали и рассказывали на высоком уровне, можно было собирать интересующую информацию и фотографировать. Информативны были и выступления докладчиков и соответствующие обсуждения на региональных и итоговом заседаниях. К тому же члены делегации (а это несколько десятков человек) во всеуслышанье делились разными впечатлениями об увиденном и услышанном, постоянно что-то обсуждали, анализировали, делали экспресс-прогнозы и т.п. И ко всему прочему — чемодан литературы.

Задачи, поставленные на поездку, были мною в основном выполнены. Помимо собранного большого фактического материала по обстановке, были получены полезные сведения от наших сотрудников за рубежом, что было учтено и использовано в практической работе в Центре. Собранные путем маршрутной разведки данные по американским ВВС в Таиланде, Филиппинах, Окинаве, Гонконге, Сайгоне были переданы командованию по радио еще в пути следования.

В результате поездки был решен также целый ряд общих и конкретных оперативных вопросов. Такое своеобразное экспресс-погружение в жизнь региона дало возможность увидеть и оценить обстановку в целом, и на этом фоне — в отдельных странах (не только в тех, которые мы посетили, но и других странах региона, которые упоминались в разных контекстах в ходе выступлений и бесед). Все это пригодилось позднее в работе для принятия обоснованных и быстрых оперативных решений по разным вопросам нашей службы.

РЕЗИДЕНТУРА В ВОЕННОМ ВЬЕТНАМЕ: ОТПРАВКА РАЦИИ НАШЕМУ ВЬЕТНАМСКОМУ РАДИСТУ

В самый разгар военных событий во Вьетнаме в Южном Вьетнаме начала работать наша нелегальная резидентура. Получаемая резидентурой информация направлялась из Сайгона в третью страну почтой или с нарочными и оттуда поступала по радиосвязи в Москву. В условиях военных действий она поступала с опозданием и теряла свою ценность.

Вскоре в Москву кружным путем прибыл руководитель этой резидентуры, европеец по происхождению, занимавший очень солидный пост в Сайгоне и женатый на вьетнамке из известной аристократической семьи.

Всю работу в Москве в течение нескольких дней было поручено вести мне. О том, какое значение придавали этому в Центре, свидетельствует то обстоятельство, что последнюю встречу с ним провел первый заместитель начальника ГРУ генерал-полковник Хаджи Умар-Джиорович Мамсуров.

На этой встрече обсуждался весь комплекс вопросов, особое внимание было уделено радиосвязи и было принято решение ускоренным и нелегальным путем отправить в Сайгон самую современную агентурную радиостанцию, чем я немедленно и занялся.

С резидентом было оговорено, что радиостанция будет вмонтирована в одну из запасных частей французской автомашины «Пежо», отправляемой из французского порта Брест на французском пароходе, следующем в Сайгон. Не буду касаться всех перипетий технического исполнения этого задания, только отмечу, что через месяц рация была в руках у радиста, и прямая связь с Центром была установлена. Другого пути решения этого вопроса не было, так как в Сайгоне был установлен жесточайший таможенный и полицейский режим военного времени.

Исключительно оперативно приходилось работать в этот период на вьетнамском участке в Центре. Шла активная радиопереписка, в день в среднем приходилось отправлять 10—15 телеграмм, и многие были с грифом «срочно». У нас был тесный круглосуточный контакт с военно-морской разведкой в Москве, куда с наших кораблей поступали сведения о вылетах американских бомбардировщиков с дальних военных аэродромов для бомбежки объектов во Вьетнаме. Во многих случаях мы успевали передавать эти сведения нашему ВАТу в Ханое, а он передавал их вьетнамцам.

В очень короткие сроки мы подобрали и отправили в Ханой большую группу специалистов по различным областям военной техники, которым был поручен сбор, изучение и использование американской трофейной техники, полученной от вьетнамцев. Это были первые образцы «сайдвиндеров» и «шрайков» и многое другое. Работая на вьетнамском участке, мне приходилось выезжать также в Софию, Берлин и Будапешт и решать там задачи, которыми в интересах конспирации не следовало заниматься в Москве.

ЭПИЗОДЫ РАБОТЫ НА КОРЕЙСКОМ УЧАСТКЕ

Первый эпизод относится к внезапному и смелому захвату в прибрежных водах КНДР американского разведывательного корабля «Пуэбло», максимально нашпигованного в то время американской электронной техникой. Собственных сил разобраться с этой техникой у корейцев не было, и они обратились за помощью к нам. Решать эту проблему надо было крайне срочно и разумно. Двое суток ушло на подбор группы военных специалистов, оформление всех заграндокументов и отправку ближайшим самолетом в Пхеньян. Кое-какие организационные неувязки возникали вначале при общении с северокорейцами, но затем все было улажено. Поставленное задание было срочно выполнено, и результаты были налицо.

Одновременно наши специалисты изучили разведывательные средства и возможности этого корабля и разработали свои предложения о создании таких кораблей для наших Вооруженных Сил и военной разведки.

Второй эпизод сугубо представительского порядка был связан с обстоятельствами, когда вопрос надо было решать менее чем за сутки и к тому же в летний воскресный день. Во время моего дежурства на Командном пункте ГРУ от нашего военного атташе в Пхеньяне поступил телефонный звонок, в котором он сообщил, что скоропостижно скончался один из ближайших соратников Ким Ир Сена и что родные и руководство страны просят немедленно направить самолетом в Пхеньян на похороны его сына, проживавшего постоянно в Москве.

Так как с командованием ГРУ мне никак связаться не удалось, я принял всю ответственность за решение вопроса по отправке указанного товарища в Пхеньян на себя. Вся деликатность вопроса заключалась в том, что сын был несколько оппозиционно настроен к существующему режиму и его руководству, и не исключалось, что местные власти могут его арестовать после похорон отца. Сын также не был уверен, что все обойдется, но считал своим святым долгом лично участвовать в прощании с отцом и его похоронах. Если бы нечто подобное случилось, то мне пришлось бы сполна отвечать за «проявленную оперативность». На другой день утром я доложил обо всем командованию, и оно решило ждать дальнейшего развития событий.

Ровно через неделю сын с очередным самолетом вернулся в Москву, где его с беспокойством ожидала его русская жена. Вот на это я и надеялся, когда принимал решение о необходимости его срочного выезда на похороны. Через несколько дней посол КНДР в Москве посетил наш МИД и в письменном виде передал благодарность Ким Ир Сена за проявленное внимание и оперативность в решении вопроса. Мне, естественно, никто благодарности не объявлял, но это и не надо было, так как важно, что все закончилось благополучно.

* * *

Восьмилетний опыт моей работы на восточном направления, в том числе и рассмотренная поездка, оказались очень полезными мне и в дальнейшей разведдеятельности, и совершенствовании в профессии. Придя на это направление с двадцатилетним стажем работы, да еще в условиях военного времени, я никак не ожидал, что придется расстаться с целым рядом, как оказалось, чисто европейских стереотипов действий и взаимодействия с европейцами.

Пришлось обретать новые знания и навыки оперативной работы и ее организации в азиатских странах, обеспечения продуктивных контактов с представителями разных стран. Последних, при всех их различиях, связанных с обычаями, нравами, прочими особенностями той или иной страны, которые непременно надо было учитывать, объединял характерный тип восточного поведения и мышления.

Много было неожиданностей, которых и так хватает в работе разведчика. Но при работе в азиатских странах возникало особенно много непредвиденных ситуаций: было крайне сложно

Памятник Иоганну Штраусу. Вена.

Озеро Штаузее в долине р. Капрунер, Австрия.

Охрана у входа в резиденцию президента Индии
Неру. Дели, апрель 1962 г.

Одно из зданий Красного форта. Дели, Индия,
апрель 1962 г.

Королевский мраморный дворец.
Бангкок, Таиланд, май 1962 г.

Зоологический сад в Бангкоке, Таиланд. За купанием слонов наблюдает В. В. Бочкарев. Апрель 1962 г.

Королевская баржа, которую во время церемонии обслуживает 61 монах-гребец. Бангкок.

Национальные танцы в театре Бангкока.

Центральная гостиница «Сосна» в г. Багио, летней резиденции правительства Филиппин. Май 1961 г.

Вид на гору Фудзияма. Япония.

Один из районов Гонконга, Китай. На переднем плане − десятки сотен джонок, принадлежащих местной бедноте.

В. В. Бочкарев у входа в старинную крепость-музей.
Берлин, Шпандау.

Город Брегенц на берегу Боденского озера. Австрия.

Здание Барбакане, построенное в 1505 г.
Польша, Краков.

Австрия, Инсбрук, улица Марии Терезии.

Сансуси, китайский храм. Германия, Потсдам.

просчитать перспективные оперативные шаги, поскольку европейской логике мышления оказывались подчас недоступны многие поступки и оперативные действия как явных противников, так и соратников. И уже после первой ознакомительной поездки я часто по случаю приговаривал: «Восток — дело тонкое» или «Восток есть Восток».

В завершение рассмотрения периода работы на восточном направлении хочу высоко оценить профессиональную оперативную работу всех сотрудников. С особой благодарностью вспоминаю всех, с кем мне довелось взаимодействовать при решении оперативных задач военной разведки, особенно на корейском и вьетнамском участках в условиях военного времени. В то время наши аппараты ВАТ в этих странах успешно возглавляли генералы Герой Советского Союза А. И. Лебедев, С. В. Капалкин, полковник Е. В. Легостаев, воспоминания о которых остаются в моей памяти и после их кончины. Теплые слова благодарности хотелось бы выразить и ВАТ при нашем посольстве в КНДР полковнику Г. С. Буланову.

Во время прохождения службы в Центре, на Дальневосточном участке необходимо отметить совместную работу с генерал-майором Михаилом Ивановичем Ивановым (более подробно в последней главе), а также с полковником Василием Ивановичем Ивановым, участником военных действий на Юго-Западном и Южном фронтах, включая и бои под Севастополем, а также в период разгрома Квантунской армии японцев в

Маньчжурии. Он возглавляет китайскую секцию Российского Комитета ветеранов войны и военной службы, а также является заместителем председателя Российского комитета дружбы с КНР. Принимает активное участие в движении юных зоргевцев, а также в работе Совета ветеранов военной разведки.

Опыт руководящей работы на восточном направлении мне очень пригодился во время моей последней командировки на Кипр, где периодически приходилось решать оперативные вопросы и выполнять задания в экстремальных условиях на Ближнем Востоке.

Глава 8

На беспокойном острове Афродиты

В конце декабря 1969 года был решен вопрос о моем назначении в Республику Кипр на должность военного, военно-морского и военно-воздушного атташе при посольстве СССР. Перед выездом в страну я в течение трех недель находился на стажировке в штабе и войсках, а также участвовал в учениях Одесского военного округа. Затем был три недели на стажировке в штабе и на кораблях Черноморского военно-морского флота, а также трое суток находился в походе на подводной лодке. Эта стажировка мне очень пригодилась во время прохождения службы на Кипре, куда я прилетел в феврале 1970 года. В качестве значимого момента сразу хочу отметить, что еще до отъезда и на протяжении всей командировки я изучал греческий язык. Особой надобности в этом не было, так как английский язык был государственным языком, но по моему предыдущему опыту работы я понимал, что знание языка является очень важным фактором успешной работы.

227

СИТУАЦИЯ ВОКРУГ КИПРА: ОСНОВНЫЕ ПОЗИЦИИ

В 1970—1973 годах резко обострились противоречия, закулисные интриги и маневры Греции и Турции в отношении республики Кипр. Греческое фашистское правительство так называемых «черных полковников» и их ставленник генерал Георг Гривас, находящийся нелегально на Кипре, преследовали цель путем государственного переворота присоединить Кипр к Греции, то есть осуществить так называемый «энозис».

Макариос и его правительство были категорически против присоединения к Греции.

Турцию такой вариант тоже не устраивал, и в случае государственного переворота она была готова захватить часть кипрской территории на севере и западе острова (города Кирения и Фамагуста).

Впоследствии, в 1974 году (меня уже к тому времени на Кипре не было), это и было осуществлено, после чего была создана марионеточная турецкая кипрская республика.

Великобританию, имевшую в своей бывшей колонии солидный воинский контингент, а также две базы сухопутных и военно-воздушных сил на Ближнем и Среднем Востоке, вполне устраивал существующий «статус-кво» на Кипре; Гривас же был включен правительством Великобритании в число самых коварных преступников.

США, 6-й флот которых постоянно курсировал в районе Восточного Средиземноморья, были склонны поддерживать турецкие притязания.

Но все было не так просто, так как на острове (в соответствии с решением Совета безопасности ООН от 1964 года) располагались войска ООН в целях предотвращения военных столкновений между греческой и турецкой общинами.

СССР твердо поддерживал правительство Макариоса, который в случае обострения обстановки обращался к нам по дипломатическим каналам за помощью.

Учитывая все вышесказанное, нам, аппарату ВАТ, была поставлена основная важнейшая задача стараться не допустить государственного переворота на Кипре и прихода к власти греческой фашистской хунты, внимательно следить за складывающейся на Кипре обстановкой с учетом заинтересованности в ней таких стран, как США, Англия, Греция и Турция. Небезынтересной была для нас также реакция на происходя-

Маршрутная карта Кипра, начало 70-х гг.

щие события со стороны Сирии, Египта и Израиля. Еще одна задача состояла, естественно, в том, чтобы внимательно следить за состоянием всех вооруженных сил, находящихся на острове. В то время по количеству войск и военной техники на одного жителя остров Кипр занимал первое место в мире.

КОРНИ СИТУАЦИИ В ИСТОРИИ ОСТРОВА

Основополагающим моментом конфликтов вокруг Кипра всегда было его выгодное географическое положение (и в экономическом, и в военно-политическом планах). Кипр — единственный крупный остров в восточной части Средиземного моря.

История Кипра уходит далеко в глубь не только веков, но и тысячелетий до нашей эры. О первожителях Кипра, живших на нем три с половиной тысячи лет тому назад и имевших очень высокую по тому времени цивилизацию, известно очень мало, а оставшиеся от них надписи до сих пор остаются не расшифрованными. Полтора тысячелетия до нашей эры на Кипре стали появляться греческие переселенцы, и через несколько веков они уже составили значительную часть населения острова. Одновременно на Кипре основывали свои поселения финикийцы, прибывавшие со стороны сирийского побережья. Финикийское письмо легло в основу греческого алфавита.

Кипр, находящийся на перекрестке торговых путей из Европы в страны Ближнего и Среднего

Востока и Северо-Восточной Африки, стал с развитием морского судоходства привлекать внимание своих ближайших и более дальних соседей. За всю свою историю Кипр десятки и сотни лет находился под владычеством других государств: Ассирии и Древнего Египта, персов и арабов, Древнего Рима и Византии, Венеции и Генуи, Турции и Англии.

Древние столицы Кипра — Саламис, Полис, Пафос, Никосия, старинные крепости страны — св. Иллариона, Кантара, Белопаис и другие — помнят вступление на их территорию таких известных завоевателей, как Александр Македонский, Эвагорос, Хабриас из Греции, как римский император Клавдий, византийский император Роман Второй, английский король Ричард Львиное Сердце.

Но и на самом острове редко было спокойно, особенно в период власти кипрских королей Лузиньянов, когда имели место бесконечная борьба за власть и убийство членов королевского дома.

В 1570—71 годах войска турецкой армии полностью захватили Кипр. Годы турецкого владычества характерны крайним притеснением всего греческого, в том числе православной церкви, вплоть до публичной казни через повешение кипрских епископов. Кипр был самой угнетенной колонией Османской империи.

В 1878 году на Кипре высадились англичане, и остров стал колонией Великобритании.

В 1960 году Кипр провозгласил свою независимость.

Помимо внешних завоеваний, Кипр за свою многотысячелетнюю историю не раз страдал и от стихийных бедствий: от опустошительных землетрясений (особенно район Пафоса и Саламиса), засухи, наводнений, от налетов саранчи, от эпидемий чумы, холеры, малярии и т.п.

ЗАГАДКА ПРИТЯГАТЕЛЬНОСТИ ОСТРОВА: ПЕРВЫЕ ВПЕЧАТЛЕНИЯ

Остров хорошо видно из окна подлетающего самолета. Причем одновременно виден и турецкий берег, и сам Кипр, и сирийско-ливанская территория. В очень ясные дни (это бывает два-три раза в год) турецкий и сирийские берега хорошо видны даже с самого Кипра. Особенно отчетливо видно Турцию с горы Олимбос или из замка св. Иллариона, а Сирию — из замка Кантары.

Благоприятный средиземноморский климат: воздух морской, чистый, напоенный запахами различных трав. Средняя температура января — около +12 градусов.

Весной остров весь в зелени, везде цветут фруктовые деревья (мандариновые, банановые и др.).

Лишь дорога, идущая от аэродрома к Никосии, лишена растительности. Справа и слева на поверхность выходят пласты застывшей лавы, на которой почти ничего не растет. На таких бросовых территориях возле аэропорта размещены штаб и некоторые части и подразделения войск ООН. На Кипре таких бросовых районов очень много. Когда едешь по этой дороге, в нос резко ударяет пряный запах дикорастущих белых, довольно высоких цветов. Этот запах очень характерен, он опьяняет и даже дурманит человека, и характерен именно для этого района Кипра. Растут эти цветы прямо на голой поверхности лавы, цветут они около двух недель.

Вдалеке видны темно-зеленые отроги гор. Вдоль острова тянутся две цепи гор: на севере — К22иринийские горы, на юго-западе — отроги Троодоса.

Шесть округов. Не более десятка городов. Столица — Никосия, расположенная в центре острова, на холмистой равнине. Улицы Никосии — белые здания с плоскими крышами, колокольни церквей и многочисленные цветущие сады; на деревьях исключительно яркие субтропические цветы. Город, несмотря на свою древнюю историю, выглядит при въезде в него очень молодым, свежим, миниатюрным и как бы недавно родившимся.

НАСЕЛЕНИЕ СТРАНЫ: КИПРИОТЫ

После работы с азиатскими странами я стал особое внимание уделять нравам населения, особенностям поведения и т.п. В агентурной работе знание этих вопросов позволяет избежать целого ряда ошибок, и, наоборот, правильным образом использовать сильные и слабые стороны источников: не только в плане проявления их личных особенностей и привычек, но и типичных национальных черт характера и поведения. Хочу поделиться своими наблюдениями о киприотах, основную часть которых составляют греки (78% населения — православные; далее по численности следуют турки (18%) — мусульмане. Но прежде надо затронуть характерные особенности этих общин и особенности их взаимоотношений, кратко упомянем малочисленные общины.

КОРОТКО ОБ АРМЯНАХ, МАРОНИТАХ И ЛАТИНЯНАХ

Помимо греков и турок в начале 70-х годов на Кипре официально были зарегистрированы три других общины: армянская, маронитская и латинянская. Каждая из них составляла около 4 тысяч человек. Самая богатая и влиятельная из всех общин — это армянская. Она имеет свои школы, институт, клубы. Армяне — самые крупные торговцы, банкиры, известные врачи. Живут они только в греческом секторе. С турками поддерживают нормальные деловые отношения, несмотря на исторически сложившуюся ненависть к ним. К СССР относились в основном благожелательно, однако встречались и ярые националисты — дашнаки, которые ненавидели Советский Союз.

Марониты — выходцы из арабских стран,

жили в сельской местности, главным образом в округе Кириния. Там имелось четыре маронитских деревни. Сохранили свой язык и национальный уклад. Как мусульмане, поддерживали более тесный контакт с турками. Часть маронитов — католики.

Латиняне — это потомки осевших на Кипре венецианцев и генуэзцев. Живут в городах, занимаются торговлей.

НРАВЫ И ОБЫЧАИ ГРЕКОВ-КИПРИОТОВ

Греки-киприоты производят впечатление жизнерадостного, энергичного и весьма экспансивного народа. Они вежливы, гостеприимны, важны, готовы оказать помощь и проявить рыцарство. Они остроумны, подозрительны и суеверны. Очень не любят, когда им показывают пятерню.

Киприоты, как и все греки, любят поспорить, особенно по политическим вопросам, причем каждый хочет показать свою осведомленность, по крайней мере, на уровне не меньшем, чем премьер-министр. Иногда на улице можно встретить людей, так энергично спорящих, что кажется, что через несколько секунд должна вспыхнуть драка. Прислушаешься к разговору, и выясняется, что спор идет о прогнозе погоды. Эти споры достигают своего апогея на трибунах стадиона, где происходят футбольные матчи. Но здесь эти споры иногда кончаются драками, хотя вообще драки в общественных местах случаются редко.

Для киприотов, так же как и для греков, характерна привычка в разговоре с незнакомым человеком возвысить на несколько ступеней свое служебное положение. Так, самый рядовой клерк в министерстве может выдать себя за ответственного работника, подсобный рабочий в магазине — за совладельца фирмы.

Все министерства в Никосии работают на Кипре до шести часов вечера, но ровно в пять часов там, кроме дежурных, никого уже нет. Многие служащие уезжают из министерства уже в четыре часа. В летний период — особый распорядок дня, характерный для жарких стран, когда работают до часа дня, а затем перерыв до пяти часов и продолжение работы вечером.

Греки и киприоты очень гордятся и любят вспоминать своих драматургов — Эсхила, Софокла, Еврипида, Аристофана, поэта Гомера, философов Аристотеля и Платона, врача Гиппократа, математика Пифагора, математика Архимеда. Но практически киприоты знают о произведениях и философских взглядах своих предков очень мало. Читают киприоты редко, предпочитают смотреть телевизор или беседовать друг с другом. Учитывая историческое прошлое Греции, киприоты очень высокого мнения о себе, любят собой любоваться, склонны смеяться над кем угодно, но не над самими собой.

Многие объекты: гостиницы, рестораны, клубы, кинотеатры, магазины, яхты, лодки и т.д. — носят древние имена. Например, туалетная бумага называется «Зевс» или «Гермес», клубы «Дионисий» или «Аполлон». Везде продается очень много статуэток Афродиты.

От греков, проживающих в Греции и в других греческих колониях за рубежом, киприоты отличаются своим особым торгашеским духом. Однако, несмотря на желание заработать побольше, для киприотов свойственна показная честность, которую они проявляют по мелочам. Объегорив покупателя в магазине, торговец обнаруживает, что покупатель не взял несколько милс сдачи, и бросается ему вдогонку, чтобы вручить эту мелочь.

Большой отпечаток на их образ жизни наложило не только четырехсотлетнее турецкое иго, но и почти столетнее английское господство. Особенно городское греческое население много позаимствовало от англичан, а именно английский распорядок дня, образ жизни и мышления англичан. При этом следует добавить, что несколько десятков тысяч киприотов живут в Англии, приезжают в отпуск на Кипр и способствуют пропагандированию английского образа жизни. Этому также способствует то, что на Кипре живет много тысяч английских военнослужащих и гражданских лиц.

Однако, в отличие от любящих путешествовать англичан, киприоты ведут сидячий образ жизни; в городе или за городом совсем не гуляют. Те же, кто имеет машины, ленятся сделать даже два шага без нее. Поэтому каждый владелец машины пытается поставить ее возможно ближе от того места, куда ему нужно зайти. Очень часто можно встретить машины, поставленные прямо на тротуаре и вплотную у подъезда дома.

Греки-киприоты менее общительны и подвижны. Однажды, отдыхая в городе Пафос, мы наблюдали такую картину. На набережную приехали вечером греки с семьями на личных машинах. Многие из них поленились даже выйти из машин и продолжали в течение часа сидеть в них, а некоторые даже не удосужились открыть стекла, чтобы подышать свежим воздухом. Эту леность можно наблюдать и в горах Троодоса или в Киринии. Киприоты бывают настолько ленивы, что останавливаются прямо на дороге для отдыха или еды, и у них не хватает энергии проехать чуть-чуть в сторону.

Для киприотов, принадлежащих к любой социальной группе, свойственно драматизировать происходящие события, преувеличивать значение и важность тех или иных фактов. Особенно в этом изощряются местные газеты, к сообщениям которых надо подходить очень осторожно. Поэтому часто приходится читать опровержения, которые появляются через несколько дней.

Обещания, данные киприотами, во многих случаях не следует принимать всерьез, так как им ничего не стоит их не выполнить. Поэтому приглашенные в гости могут опоздать на несколько часов или даже дней или вообще не прийти. С этим приходится часто сталкиваться при посещении магазинов и при получении от продавцов каких-либо обещаний, которые в лучшем случае выполняются после второго или третьего напоминания.

Женская часть населения воспитана в высоком моральном духе. Проституция практически отсутствует. Девушкам разрешено встречаться с молодыми людьми только в семейном кругу. Ходить вечером женщинам одним по улицам города считается неприличным. В стране существует традиция, что выходящим замуж дочерям родители обязаны в качестве приданого построить дом. Плохо приходится тем отцам, у которых несколько дочерей.

Греки — хорошие семьянины. Мужчины проводят все свободное время с семьями, наличие любовницы — очень редкое явление. Очень торжественно отмечается день рождения ребенка. Их семьи, как правило, очень многочисленные. Воспитанию детей уделяется серьезное внимание, но детей не балуют. Греки очень любят выезжать семьями или компаниями в лес, где они готовят сувлаки (шашлыки), ведут себя шумно, и гам разносится далеко по лесу.

После семи часов вечера жизнь в городах, кроме портового города Лимасола, замирает, все улицы пустеют. Все сидят по домам, потом смотрят телевизор. Зимой все окна закрыты ставнями, летом ставни открываются только вечером, когда на улице становится несколько прохладнее. Так, одна местная газета шутливо писала, что вечером по улицам кипрской столицы ходят только полицейские, дипломаты, иностранные туристы, а также бегают кошки и собаки. Так оно действительно и есть.

КИПРСКАЯ
ПРАВОСЛАВНАЯ ЦЕРКОВЬ

Кипрская православная церковь играла большую роль в стране. Она была очень богата, владела большими земельными участками и плантациями. Считалось, что православная церковь была более гибкая и терпимая, чем католическая.

Кипрская церковь разрешала три брака. Первый брак благословляет, второй брак допускает, третий брак терпит и запрещает четвертый. Если верующий допускал супружескую измену, то религиозный суд мог запретить ему очередной брак на определенное время.

Кипрским священникам запрещено было жениться, но уже женатые лица могли принять сан, но без возможности продвижения по службе. Исключение составляли деревенские священники, которые, как правило, были женаты.

Воскресные службы на Кипре играли большую роль в социальной жизни. Все религиозные праздники отмечались торжественно, особенно Пасха и Рождество. На Пасху из всех церквей несли зажженные свечи: их обязательно нужно было донести до квартиры. Многие стали даже отвозить свечи на автомобилях с закрытыми стеклами. В предпасхальный вечер в городах обычно было много фейерверков; было принято стрелять из ружей или имитировать выстрелы при помощи различных хлопушек.

В ТУРЕЦКОЙ ОБЩИНЕ ОСТРОВА

Общая обстановка, нравы и обычаи, прожиточный минимум в турецкой общине резко отличны от греческой общины. Господствует ощущение пребывания в другой стране.

Рассказ о турецкой общине острова, ее особенностях в 70-е годы будет дан в сравнении с греческой общиной.

Турки находятся на Кипре 400 лет, несмотря на то что южный берег Турции находится всего только в 40 км, они не сумели захватить весь остров. Первые же греческие переселенцы на своих судах прибыли из Греции, находящейся в 800 км от острова, пятнадцать веков до нашей эры.

В 1971 году турки весьма торжественно отметили юбилейную дату захвата Фамагусты и Никосии. Последняя была взята после двухмесячной осады, а Фамагуста продержалась 10 месяцев в окружении стотысячного турецкого войска и могла еще долго держаться. Турки обещали помиловать сдающийся на милость гарнизон Фамагусты, но сделано это не было, и оставшиеся в живых воины и часть населения крепости были уничтожены. С поверженных, но живых врагов в те времена турки нередко сдирали кожу. Так, и после взятия Фамагусты турки содрали кожу с нескольких венецианских генералов, руководивших обороной города. Известны также многочисленные случаи, когда турки пили кровь своих поверженных врагов.

Во время юбилейных празднеств, посвященных захвату Кипра турецкими войсками, местная кипро-турецкая пресса с издевкой писала, что греки-киприоты, греки из Греции и болгары, проживающие в Болгарии, должны благодарить Турцию за длительную оккупацию Кипра, Греции и Болгарии. Турция, мол, спасла эти народы от насильственного обращения их в католическую веру.

После захвата Кипра турки превратили все христианские храмы в стойла и склады и впоследствии построили на христианских храмах минареты и стали их использовать для отправления мусульманских служб. За 400 лет хозяйничанья на острове турки не построили ни одного солидного административного здания, кроме мечети в районе Ларнаки, ни одного магометанского храма, ни одной больницы, не провели ни одной приличной шоссейной дороги (только 26 км дороги второстепенного разряда). Отметим, что дороги на Кипре подразделялись на три категории, и даже по одним дорогам можно определить, в каком районе ты находишься. Наилучшие современные дороги у англичан, посредственные — у греков; и очень скверные и иногда совсем непригодные — у турок.

Лес на территории Кипра, занятой турками, был почти полностью уничтожен, и сейчас эти районы (северные территории, Киринийские горы) представляют жалкую картину. Лес сохранился лишь в греческой части острова, в основном в труднодоступных районах Троодоса, куда турки боялись забираться и где за 400 лет не было основано ни одной турецкой деревни.

Внешний вид городских районов, деревень, домов, садов и самих жителей турецких районов также резко отличался от всего, что было в греческой общине. На турецкой территории нет садов; местность более пустынная и грязная. Исключение составляет лишь район деревни Лефки. Дома турок в городе и в деревнях значительно беднее. Деревни турецкие — это сама бедность. Глинобитные хибарки окнами во двор, где в ужасной грязи бегают дети. В воздухе вонь. При этом еще надо учитывать, что несколько десятков тысяч турок бросили свои жилища, находившиеся в греческой общине после кровавых событий 1963 и 1967 годов. Часть бежавшего турецкого населения жила в бараках или в сколоченных из фанеры и жести хижинах, где царила грязь, антисанитария и ужасная бедность. Можно только удивляться, как до сих пор там не было вспышек эпидемий холеры, дизентерии и других болезней.

Хотя прожиточный минимум турок-киприотов и был значительно выше уровня турок, живущих в Турции, но тем не менее он значительно ниже прожиточного уровня в греческой общине. Процент безработицы в турецких районах был очень высок. Турки, имевшие велосипеды и мотоциклы, считались обеспеченным людьми, а в греческих районах на этих видах транспорта почти никто не передвигался. Там на восемь человек населения приходилась одна автомашина, практически каждая семья имела телевизор.

Турецкие базары весьма отличаются от греческих. У турок везде вывешены на видном месте и продаются разноцветные овечьи шкуры. Они просто являются бесплатным атрибутом любого турецкого населенного пункта. В магазинах много типично турецких изделий, в ресторанах пища турецкая, совершенно отсутствует говядина и свинина. Обслуживание в турецких ресторанах, кафе, магазинах и мастерских несколько лучше, чем в греческих, и цены несколько ниже.

Отличается и одежда турок: она беднее, не такая модная, однако превалируют яркие, броские цвета. Очень многие турки ходят в военной и полувоенной одежде, так как числятся в резерве и ночуют в казармах. Многие турчанки ходят в шальварах. Любимый цвет турок — красный, греков — голубой. Это не только цвета флагов, но в них окрашены все шлагбаумы, будки и праздничные гирлянды.

Разность религий также наложила отпечаток на турецкие районы. В воскресные дни здесь работают, в субботу отдыхают, часы работы магазинов также отличаются от порядка работы в греческой части острова.

Мои личные контакты с разными представителями турецкой общины, начиная от вице-президента Рауфа Денкташа, кончая владельцем книжного магазина Рустемом и портным Османом, дают возможность сделать следующее заключение о наиболее отличительных чертах турок-киприотов. Они очень подозрительны, недоверчивы к иностранцам, упрямы и настойчивы. Более ленивы и нечистоплотны, чем греки.

Менее образованны и начитанны. Очень жестоки в обращении с животными и людьми. По сравнению с греками менее прихотливы и избалованны, более организованны и дисциплинированны. Для них характерен крайний национализм, граничащий с фанатизмом. Демократические тенденции среди населения развиты слабо. Турки очень мстительны, злопамятны, никогда не прощают совершенного убийства и очень чувствительны к нанесенным им обидам.

КОНФЛИКТНЫЕ ОТНОШЕНИЯ МЕЖДУ ГРЕЧЕСКОЙ И ТУРЕЦКОЙ ОБЩИНАМИ

Взаимоотношения между греками и турками издавна были напряженными и еще более обострились после захвата острова англичанами. Последними применялся принцип «разделяй и властвуй», в соответствии с которым эти две национальности натравливались друг на друга.

После создания кипрского государства отношения наладились. На греческих территориях стали возникать турецкие поселения; создавались смешанные греко-турецкие деревни, появились и смешанные браки.

Однако после кровавых событий 1963 и 1967 годов они вновь стали враждебными. Не проходило трех-пяти дней, чтобы не произошло какого-либо инцидента. После таких происшествий обстановка на всем Кипре обострялась, войска и полиция двух общин приводилась в повышенную боеготовность.

Несмотря на то что турки составляли тогда лишь 18% населения, вели они себя очень воинственно. Во всех деревнях и населенных пунктах были созданы турецкие военные отряды (взводы, роты, батальоны). На окраинах этих деревень, а также на принадлежащих туркам высотах были оборудованы НП, где круглые сутки находились дежурные подразделения. Дисциплина и боеготовность в турецких подразделениях была выше, чем в греческих. Турки систематически проводили учения для своих резервистов, включая и учения, рассчитанные на выживание. Обычно солдат забрасывали в труднодоступные районы в Кириниийских горах без пищи и воды и заставляли их искать воду в родниках, ловить змей, ежей и птиц для употребления в пищу.

В отношении воинственности турок можно привести следующий пример. В 1967 году турки в течение одной ночи овладели важным в тактическом отношении районом горы Св. Иллариона, полностью ликвидировав численно превосходящие силы греков. И с тех пор этот район находится у турок, и сдавать его они не собираются.

Наиболее воинственные турки — в бывшем анклаве Кокина на западном побережье Кипра. Здесь в августе 1964 года турецкие самолеты обстреливали греческие деревни. В этом районе местные турецкие патрули на КПП не признавали документов, выданных кипрским правительством. Поэтому нам приходилось брать свои советские паспорта. Турецкие солдаты на КПП вели себя вызывающе. У нас был один случай, когда турецкий солдат, не получивший сразу в свои руки загранпаспорта, стал угрожающе наводить на нас свой автомат. Правда, через 10 минут прибыл турецкий офицер, который извинился за инцидент и организовал для нас зеленую улицу через весь анклав.

У нас создалось впечатление, что турецкие офицеры относились к советским офицерам с большим уважением, чем к офицерам других армий, проходящих службу на Кипре. Видимо, многочисленные разгромы турецких армий в неоднократных сражениях в XVIII и XIX веках надолго остались в памяти турок, в том числе и живущих на острове.

Интересно было наблюдать во время экскурсии в турецкую крепость Св. Илларион за турецкими солдатами, а затем и офицерами, которые рьяно стали играть в настольный теннис с моим сыном Юрием, узнав, что он русский, и были обескуражены после поражений.

Турки очень часто приглашали нас на различные приемы, коктейли, парады, выставки, однако посещали мы не все мероприятия, учитывая их политический уклон, чтобы не вызвать ответную — нежелательную реакцию со стороны греческих властей.

Известны случаи, когда иностранцы, находящиеся на государственной службе у греко-кипрских властей и живущие в турецких секторах, вынуждены были переселяться в греческие районы, так как греки начинали смотреть на них весьма косо. Известны также случаи, когда за дипломатами, зачастившими в турецкие сектора, греческие власти устанавливали плотное наблюдение.

Турки же, в свою очередь, весьма болезненно реагировали на все то, что связано с деятельностью греков. Руководство турецкой общины не ходило на приемы, на которые были приглашены и греки. При проезде через турецкие районы ни в коем случае нельзя было показывать наличие фотоаппаратов, а при следовании через турецкие деревни не рекомендовалось спрашивать у крестьян дорогу на греческом языке. Бывали случаи, когда турки-крестьяне, услышав греческую речь, избивали незадачливого путешественника.

Греки также проявляли большое беспокойство, если в греческих районах появлялись турецкие военнослужащие в форме и с оружием. Мне припоминаются два случая, когда греки приняли меня за турецкого офицера (сказалась моя загорелая внешность) и гнались за мной на машине, грозя кулаками. Пришлось остановиться и объясниться.

ИНОСТРАННЫЕ ГАРНИЗОНЫ НА КИПРЕ: АНГЛИЧАНЕ И «ГОЛУБЫЕ БЕРЕТЫ»

Помимо турецких и греческих войск на Кипре находилось 25 тыс. английских военнослужащих — на трех базах (Декелия, Акротири, Епископи). Около 3 тысяч англичан, многие из них пенсионеры, являлись постоянными жителями Кипра.

Англичане внешне были приветливы, но жили довольно замкнуто, в полной мере проявляя свой снобизм. В военном отношении подготовлены лучше других. Военные городки по чистоте и порядку напоминали немецкие. Большие любители различных военных парадов. Впервые в жизни я видел у англичан парад, на котором части шли не парадным шагом, а парадным бегом. Досуг проводили интересно. Основной интерес — увлечение всеми видами спорта. У них было огромное количество различных клубов.

Кроме того, в соответствии с решением Совета безопасности Организации Объединенных Наций, на Кипре было размещено 4 тысячи войск ООН. Ранее число этих войск было более значительным. Две трети войск и персонала штаба ООН составляли англичане. Помимо англичан на острове имелись в период моего пребывания воинские контингенты и полицейские отряды следующих стран: Австрии, Австралии, Дании, Швеции, Ирландии, Финляндии, Канады. Все эти контингенты были закреплены за соответствующими территориальными округами, причем один раз в два года контингенты перемещались в новые округа.

Посты и группы ооновцев были расположены в основном в местах конфронтации греческих и турецких войск в сельской местности, а также в основных городах Кипра. Через Никосию проходила так называемая «зеленая линия», разделяющая греческий и турецкий районы. Названа она так потому, что впервые в 1964 году на карте Никосии первое разграничение было сделано зеленым карандашом. По середине зеленой линии в нейтральной полосе были расположены войска ООН. Они были вооружены стрелковым и артиллерийским оружием, имели также бронемашины. Все ооновские войска были одеты в свою национальную форму, но на голове носили голубые береты, каскетки и шлемы. На всех машинах ООН имелась эмблема этой организации, машины даже днем шли с зажженными фарами.

В ооновских контингентах часто бывали вечера отдыха, приемы, коктейли, на которых демонстрировались национальная кухня, песни, танцы. Иногда организовывались парады войск. Очень гостеприимны были ирландцы, австрийцы, канадцы. Нудное впечатление производили датчане, которые были чересчур заорганизованы, пытались всех поучать и беспрестанно, к случаю и без случая вспоминали свою королеву. На них похожи и шведы.

Довольно замкнуты и неразговорчивы финны, практически не владевшие иностранными языками. У них был лучший спортивный коллектив на Кипре; с нами они часто состязались в волейбол. Вообще во всех национальных контингентах очень был развит спорт. Очень интересно было наблюдать у англичан футбол и поло верхом, сочетание футбола и гандбола у ирландцев. Во всех контингентах было много любителей водного спорта.

ПРОТИВОСТОЯНИЕ ЛИЧНОСТЕЙ. НЕУЯЗВИМЫЙ МАКАРИОС: ОДИН В ЧЕТЫРЕХ ЛИЦАХ

Макариос был наиболее колоритной фигурой на Кипре. Он был один в четырех лицах: президент, премьер-министр, главнокомандующий и глава православной церкви.

Родился он 13 августа 1913 года в семье бедного пастуха в Троодосе, в провинции Пафос. Учился в монастырской школе, затем на богословских факультетах Афинского и Бостонского (США) университетов. В 1950 году был избран епископом и этнархом (главой греческой общины). С тех пор он являлся руководителем национально-освободительного движения кипрского народа. В 1956—1957 году был выслан английским правительством на Сейшельские острова. Во время изгнания на островах занимался совершенствованием английского языка, которым неплохо владел.

Помимо приятного лица с волевыми чертами, черной окладистой бороды и осанки, свойственной обычно значимым фигурам, Макариос обладал проницательным взглядом, оказывающим гипнотическое воздействие на его прихожан во время проведения богослужений.

Макариос был гибким и ловким политиком, пользовавшимся в полной мере арсеналом хитрости византийской церкви, умело использовавшим все противоречия стран, заинтересованных в Кипре, и особенно противоречия капиталистического и социалистического лагерей.

При этом Макариосу было свойственно преувеличивать свои возможности, недооценивать силы противника, в сложной обстановке драматизировать события и впадать в панику.

Скончался Макариос в 1977 году, похоронен в родных местах — горах Троодоса.

ГЕНЕРАЛ ГЕОРГ ГРИВАС: МАСТЕР ТЕРРОРА

Родился 23 мая 1898 года в деревне Трикомо в семье богатого землеторговца. Хотя и претендовал на роль лидера киприотов, но политик был слабый. При этом — непревзойденный мастер терактов и конспирации. Крайне жесток и опасен. Очень тщеславен, капризен, обидчив, злопамятен. В борьбе пользовался любыми средствами.

В начале своей карьеры был настроен проанглийски. Участвовал в греко-турецкой войне 1919—1922 годов, а также в албанской кампании греческой армии в 1940 году против итало-фашистских войск. Во время гитлеровской оккупации Греции примкнул к организации крайне правых греческих офицеров. В 1944 году после высадки в Греции англичан создал террористическую организацию «Хитосы». Занимался убийствами коммунистов из ЭАМ и ЭЛАС.

В 1952 году сблизился с секретными организациями на Кипре, которые начали вооруженную борьбу против англичан. Действовал под псевдонимом Дигенис. В 1955 году в ночь на

1 мая Гривас нанес первый удар по англичанам. Была взорвана английская радиостанция в Никосии.

Однажды Гривас вместе с тремя другими террористами был окружен англичанами в горах Троодоса (англичан было до роты солдат). Тем не менее Гривасу удалось зажечь лес, используя соответствующее направление ветра. В результате он обманул англичан, которые потеряли 20 человек сожженными и 20 человек обожженными, и ушел от преследования.

ЭОКА под руководством Гриваса безжалостно расправлялась с предателями. Вот несколько примеров этих жестокостей. Один грек был убит при посещении умиравшей жены в больнице прямо на ее глазах; другой киприот был убит в больнице, куда был доставлен раненым в тяжелом состоянии. Еще один их предатель был убит на центральной улице города, когда вел за руку своих детей. В убийствах участвовали даже девушки из ЭОКА. Имели место случаи убийства жен и детей английских военнослужащих. Один грек был убит по указанию Гриваса в момент, когда он молился в церкви; другой был сожжен на глазах своей жены.

За голову Гриваса англичане обещали 10 тысяч фунтов, а потом повысили цену. Однако Гриваса выловить не удалось. Все организованные Гривасом мероприятия и акции были очень конспиративны. Гривас за многие годы ни разу не попался в руки англичан, которые были хозяевами на Кипре и имели все средства борьбы с ним. Гривас умел прекрасно маскироваться. При необходимости мог потерять до 15 кг своего веса, преобразиться в женщину, человека любого возраста и социального положения, принять вид горбатого, больного и покалеченного человека.

Во время моего пребывания на Кипре мне удалось однажды все-таки узреть Гриваса в безлюдных и диких ущельях Западного Тродооса, где он ехал со своими двумя боевиками. Мы ехали ему навстречу уже в сумеречное время, дорога была очень скверная, шла по каменистому руслу ручья. Обе машины замедлили ход и с трудом разъехались. Мы обменялись многозначительными взглядами и поехали дальше. В этом районе Гривас тренировал свои диверсионные отряды. Он, видимо, все-таки узнал, кто ему повстречался на узкой дороге. Характерно, что перед встречей с Гривасом нам на дороге встретилась змея, которая убивает своих жертв массой своего тела, резко бросаясь на них в виде туго свернутого клубка.

А в 60-е годы Гривас продолжал убивать, жечь и взрывать на Кипре все, связанное с англичанами: на воздух взлетели даже самолеты на английской базе в Акротири.

После создания кипрского государства Гривас прекратил свою террористическую деятельность и выехал в Грецию. После кровавых греко-турецких столкновений на Кипре в декабре 1964 года Гривас снова вернулся на Кипр. Он был назначен греческим правительством главным военным советником, а затем начал командовать кипрскими войсками. Он зарекомендовал себя как крайний националист-фанатик и антикоммунист.

После военного переворота в Греции в 1967 году Гривас стал готовить такой же переворот на Кипре и спровоцировал вооруженные столкновения между греками и турками в ноябре 1967 года, которые чуть не привели к войне между Грецией и Турцией.

В конце 1967 года Греция отозвала Гриваса в Афины, а 1 сентября 1971 года он снова нелегально приехал на Кипр и начал организовывать с помощью греческой хунты заговор против Макариоса, которого он считал личным врагом.

ХРОНИКА ТЕРРОРИЗМА НА КИПРЕ

В течение нескольких лет местная реакция, греческая черная хунта и разведслужбы США пытались физически ликвидировать Макариоса, так как они считали, что с ним договориться невозможно. Однако все эти попытки не дали результатов. Макариоса пытались отравить (после этого поваром он назначил своего брата); затем пытались подговорить его шофера совершить аварию (водителем был назначен родственник Макариоса). В общей сложности было более десяти попыток убить Макариоса в автомашине или в церкви во время богослужений.

Наиболее серьезная попытка была сделана под руководством бывшего министра обороны и внутренних дел Георгаджиса. Это произошло восьмого марта 1970 года, в восемь утра в городе раздались пулеметные очереди, на которые мы не обратили внимания, так как стрельба в турецких и греческих секторах раздается постоянно. Выяснилось, что Макариос собрался вылететь на вертолете в монастырь Махерас, где он должен был проводить службу по убитому англичанами эоковцу Авксентиу.

Когда вертолет поднялся из расположения архиепископского дворца (находится в центре старого города), по нему с крыши ближайшей гимназии было выпущено несколько пулеметных очередей, в результате чего пилот получил тяжелые ранения в живот. Он на несколько секунд потерял сознание, но затем, собрав всю свою волю, превозмогая боль и заливаясь кровью, посадил вертолет на одну из узких улочек Никосии. Удивительно, как это он сделал, так как даже здоровому пилоту очень тяжело совершить такую посадку. Макариос вел себя во время этого покушения очень мужественно. Сначала он отвез раненого пилота в госпиталь, убедился, что его жизни после сделанной операции не грозит опасность, и выехал на автомашине в Махерас, где, несмотря на угрозы террористов, произнес свою проповедь, в которой воздал должное покушавшимся.

После этого происшествия Макариосу было направлено много анонимных писем с угрозой убить его, если он не откажется от поста президента и премьера. В одном из писем, направленных ему в декабре 1971 года, его угрожали убить во время его рождественской проповеди в одном из главных соборов Никосии. Была усилена охрана Макариоса на маршруте его движения, на крышах некоторых высоких домов, выставлялись дополнительные полицейские посты автоматчиков и пулеметчиков, а в городе на улицах увеличивалось число переодетых агентов с пистолетами.

В феврале 1972 года до начала военного переворота, подготовленного Гривасом, оставались считанные часы, но его план стал известен Макариосу, и Гривас не выступил. В этом плане все было предусмотрено, начиная с того, какие учреждения нужно захватить, какие объекты взорвать, кого убить, арестовать или вывезти с острова, и кончая мерами против дипломатов соцстран. План был очень дельный, точный и продуманный, но подвел очередной предатель, который все сообщил Макариосу.

Действительно, февральско-мартовские дни 1972 года были очень напряженными; греческая хунта вместе с Гривасом и тремя епископами хотела свергнуть Макариоса. Население страны, узнав об этих планах, в течение суток поднялось со своих мест и поехало со всех концов страны на автобусах и автомашинах к архиепископскому дворцу, чтобы продемонстрировать свою солидарность с Макариосом. За ночь к дворцу и в прилегающий район приехало более 300 тысяч человек, то есть половина населения Кипра, исключая турок. Всю ночь в Никосии били все колокола многочисленных церквей и гремели выстрелы в поддержку президента.

257

Резиденция митрополита города Пафос, выступавшего против Макариоса, была окружена населением, и митрополит долгие месяцы не мог туда вернуться. Подавляющее большинство священников страны выступило за Макариоса. Все эти дни на улицах круглые сутки разъезжали отряды войск и полиции. Патрулирование улиц было также организовано народными дружинами АКЭЛ и партии Лисаридиса (левобуржуазная партия).

Самые жесткие меры по охране Макариоса были приняты во время приездов английского премьера Эдварда Хита, индийского президента Варахагиры Гири, генсека ООН Курта Вальдхайма, а также при отъезде и возвращении Макариоса из Москвы. Такие же меры обычно принимались при посещении Макариосом английского посольства в день рождения английской королевы. Место приема было окружено обычно несколькими сотнями полицейских.

Противодействие Гриваса Макариосу прекратилось только в связи со смертью первого. Осенью 1973 года Гривас умер на Кипре; похоронен в Лимасоле.

ДЕЯТЕЛЬНОСТЬ АППАРАТА ВАТ В ЭКСТРЕМАЛЬНЫХ УСЛОВИЯХ ТЕРРОРИСТИЧЕСКОЙ УГРОЗЫ

В начале 70-х годов ежегодно в общей сложности около четырех-пяти месяцев в году почти все вооруженные силы на острове находились в разной степени боевой готовности: от повышенной до полной. Этому могли способствовать межобщинные военные столкновения, террористические акты боевиков Гриваса и прочие провокации.

В этот период всем сотрудникам наших учреждений разрешалось выходить в город в составе не менее двух человек, то же правило распространялось и на их семьи. Были очень краткие периоды, когда семьям рекомендовали находиться дома, а продукты им привозили мужья.

Однажды под вечер я сидел с женой и двумя детьми на балконе квартиры, расположенной на втором этаже, которую я арендовал по договору. Вдруг раздался ряд выстрелов, видимо с чердака находящегося вдалеке дома. На стене вокруг нас оказались следы от попавших пуль, мы же отделались лишь испугом. На следующий день я заявил хозяину, что съезжаю из его квартиры в связи с тем, что мне не обеспечена безопасность пребывания и за неустойку платить не буду. Местная полиция меня поддержала, так как выяснилось, что сын хозяина являлся активистом тергруппы Гриваса. Вскоре я переехал на квартиру, расположенную вблизи от резиденции Макариоса.

Наша новая представительская квартира в Никосии на Зеверис-авеню была расположена напротив въезда в президентский дворец, и во время следования Макариоса во дворец и из дворца на крыше нашего дома размещались полицейские с автоматами и пулеметами. Мы с женой сначала несколько пугались этого соседства, но затем привыкли, а полицейские стали с нами регулярно здороваться как со старыми знакомыми.

Мне припомнился чрезвычайный случай, когда в декабре 1971 года меня срочно вызвал советник посольства и сообщил, что накануне Рождества в центральном православном соборе во время торжественного богослужения на Макариоса может быть совершено покушение. Макариос об этом знает и уже принял меры. Советник попросил меня посетить собор, чтобы быть на всякий случай свидетелем происходящих событий и немедленно выехать с докладом в посольство. Я прибыл в собор вместе с одним нашим офицером, и мы разместились в разных местах, чтобы в случае взрыва кто-либо не пострадал и смог выехать в посольство.

Макариос выступил с проникновенной проповедью, вызвав соответствующую реакцию прихожан. В завершение проповеди он сказал, «что всевышний не допустит кровопролития в этом Божьем храме накануне Рождества Христова». События развивались следующим образом. Двое террористов сразу после проповеди исчезли из собора, а третий после конца службы подошел к Макариосу и упал на колени с повинной.

ОПЕРАТИВНАЯ ДЕЯТЕЛЬНОСТЬ

Что способствовало нашей работе? Это благожелательное и дружеское отношение к СССР президента Макариоса и его окружения, наличие у нас осведомленных источников в силовых ведомствах правительства, в руководстве ООН и некоторых контингентах ооновских батальонов, а также доверенных лиц в посольствах дружественных стран.

Таким образом, мы всегда были в курсе, какие виды боевой готовности введены в действие. В некоторых случаях использовалась маршрутная разведка. Наши офицеры были хорошо подготовлены в этом плане. Они знали различные сигналы и опознавательные знаки различных видов боевой готовности. Что касается англичан, то степень боевой готовности определялась цветом вывешенного флага.

Наши источники очень оперативно сообщали мне о подготовке к государственному перевороту, указывая сроки и план его проведения. Я помню несколько случаев, когда ко мне в ночное время на представительскую виллу или квартиру являлись доверенные лица и сообщали, что в ближайшее время начнется переворот. Я немедленно выезжал в посольство, внимательно следя за дорогой, так как можно было ожидать всяких эксцессов, и немедленно информировал посла. Он вызывал основной дипломатический состав в посольство, принимались все меры предосторожности, затем информировал руководства АКЭЛ (компартия), которое также принимало необходимые меры, вплоть до перехода на нелегальное положение отдельных руководящих работников. Через соответствующие каналы доводилось, что заговор раскрыт. После этого Гривас давал своим заговорщикам команду не выступать против Макариоса. Тем не менее местные силы безопасности приводились в полную боевую готовность.

Касаясь разведки отдельных важных объектов, мне хотелось бы привести следующий пример из моей личной практики. На одном из мысов на оконечности острова находилась крупная радиостанция одной из европейских стран, ведущая широковещательные передачи на страны Ближнего и Среднего Востока, а также Северной и Центральной Африки. Предварительно узнав, где проводят свободное время офицеры этой станции, я́ выехал в соответствующий курортный городок и посетил вместе со своей дочкой ресторан, где в воскресный день проводили время вышеуказанные офицеры. Завести с ними знакомства не составляло большого труда. Во время беседы дочь заинтересовалась современными музыкальными произведениями, и галантные офицеры любезно пригласили молодую даму на радиостанцию, чтобы сделать необходимые записи. В результате мы дважды посетили этот объект и получили о нем полное представление.

Несколько слов о специфике безличной связи. Предстояло подобрать несколько тайников для обмена материалов. Они были подобраны в 10—15 км от столицы в разных направлениях. Обмены через них наши оперативные офицеры осуществляли обычно в сумерках. Тайники были расположены в расщелинах скальной породы. При первом обмене наш офицер должен был изъять из тайника заложенный там материал.

Когда он попытался засунуть туда руку, то услышал злобное шипение. Стало ясно, что там находится змея, а это был как раз период кладки яиц. Достав палку, наш офицер пытался выгнать змею, но безрезультатно. Пришлось возвращаться к машине, оставленной в стороне, доставать флакон с бензином и брызгать бензин в расщелину, после чего змея немедленно уползла. Через несколько дней подобная история повторилась и при работе с другим тайником. Были случаи, когда из подбираемых тайников приходилось выгонять ящериц, пауков, варанов и других насскомых и мелких животных. После этого нами были сделаны соответствующие выводы при подборе и работе через тайник.

ДИПЛОМАТИЧЕСКАЯ МИССИЯ

Во второй половине 1972 года на Кипр прибыл генеральный секретарь ООН Курт Вальдхайм. Незадолго до этого я получил задание встретить рейсовый самолет Аэрофлота, прибывший из Москвы, получить у командира корабля запечатанный пакет, передать его Вальдхайму и доложить о результатах встречи.

Я передал пакет Курту Вальдхайму. Он встретил меня доброжелательно, чему способствовало то, что он меня знал еще по работе в Австрии, и разговор велся на немецком языке. Он ознакомился с содержанием пакета, где речь шла сугубо о военной тематике, и сказал, что даст мне ответ на очередном приеме, который он собирается провести в ближайшие дни. На этом приеме он сам подошел ко мне и устно в течение нескольких минут сообщил свой ответ. Эта встреча не осталась незамеченной многими дипломатами, что подняло и мой престиж в дипломатических кругах, и аппарата советского ВАТ в целом, поскольку генсек ООН такого внимания подобным аппаратам обычно не оказывает. Это расширило наши возможности влияния на ситуацию на острове дипломатическим путем, что в той сложной обстановке было немаловажно.

В очень тревожных условиях проводили мы прием 23 февраля 1972 года по случаю дня Советской Армии. На прием не пришло более 150 человек из приглашенных, а некоторые дипломаты пришли без жен. Отсутствовали и приглашенные мною знаменитый скандинавский путешественник Тур Хейердал, а также генеральный секретарь ООН Курт Вальдхайм. Здание гостиницы «Лидра», в котором состоялся прием, было окружено 90 полицейскими, а в самом зале по его периметру стояло возле стен около 50 полицейских. Тем не менее террористам удалось заложить взрывное устройство в столик, на котором официанты ресторана расставили посуду; но его удалось своевременно обнаружить. Кроме того, была совершена попытка обстрелять собравшихся из автомата, который злоумышленник принес в черном чехле под видом штатива для фотоаппарата, но и это не удалось.

В завершение всего к нам поступил из штаба Гриваса секретный документ, в котором излагался план проведения очередного государственного переворота. В одном из разделов было расписано, какие меры физического воздействия следовало бы применять в отношении советского посла и военного атташе и какие пытки следовало бы применять в отношении их. Вскоре посол уехал на восемь месяцев; возвратился после того, как обстановка несколько стабилизировалась.

С Макариосом по дипломатической линии я встречался трижды. Первый раз — в президентском дворце при вручении верительных грамот. Второй раз на аэродроме в Никосии при его возвращении из Москвы. Он подал мне руку и сказал во всеуслышание, что его поездка в Москву была очень запоминающейся и интересной, не сравнимой со всеми предыдущими поездками. Перед моим отъездом с Кипра он поблагодарил за то, что в условиях предполагаемого государственного переворота, организуемого Гривасом, я даже в ночное время встречался с ответственными сотрудниками его силовых министерств и немедленно докладывал полученную, крайне срочную информацию нашему послу для принятия соответствующих дипломатических мер со стороны СССР.

Обстановка на Кипре мало отличалась от того, что в те времена происходило в некоторых других странах Ближнего Востока. Но, несмотря на это, наша оперативная работа не прекращалась ни на один день, наоборот, мы активизировали свою деятельность, психологически были готовы работать в экстремальных условиях.

* * *

К сожалению, события, произошедшие на острове в середине 70-х годов — оккупация войсками Турции северных территорий Кипра и провозглашение в одностороннем порядке «Турецкой республики северного Кипра» (не признанной международным сообществом), — свидетельствуют о том, что в ситуации неустойчивого общественного равновесия противоборствующие стороны прибегают не к переговорам, а к действиям с позиции силы. В мой период пребывания на Кипре мы прикладывали немало усилий, и весьма успешно, для балансировки этих отношений.

И, конечно, эта командировка мне памятна тем, что она была последним служебным этапом моей деятельности в интересах ГРУ. И я имел возможность полноценно задействовать весь обретенный ранее опыт, арсенал средств и методов работы в экстремальных условиях, что позволило выполнить весь комплекс поставленных задач.

Глава 9

Разведчики в запас не уходят

РАБОТА ВЕТЕРАНСКОЙ ОРГАНИЗАЦИИ ВОЕННОЙ РАЗВЕДКИ

Скоро исполняется 30 лет со дня основания Совета ветеранов военной разведки (СВВР); 15 лет ее возглавлял адмирал Леонид Константинович Бекренев, участник национально-освободительной войны в Испании, руководитель военно-морской разведки Балтийского, а затем Северного флотов. В послевоенное время он был заместителем начальника ГРУ и начальником Военной академии. После него почти такой же срок нашей ветеранской организацией руководит генерал-полковник Анатолий Георгиевич Павлов, участник обороны Москвы и военных действий на завершающем этапе Великой Отечественной войны, особенно в период Берлинской операции, когда он воевал в составе артполка РВГК 9-го гвардейского мехкорпуса 3-й гвардейской танковой армии. В течение ряда лет перед уходом в отставку был первым заместителем начальника ГРУ, а до этого начальником Военной академии.

Вначале подавляющее большинство нашей организации составляли участники ВОВ, воевавшие на различных фронтах и в составе войск, действовавших во многих операциях. Среди наших ветеранов были и участники Гражданской войны в России, национально-освободительной войны в Испании. К сожалению, в настоящее время очень многих из первого состава ветеранов уже нет в живых. Затем в состав нашей ветеранской организации вошли воины-интернационалисты, принимавшие участие в военных действиях в странах Азии и Африки. Сейчас половина состава организации — это ветераны военной службы и военной разведки.

Надо отметить, что итоги работы нашего Совета ветеранов за последнее время (по объему и результатам проведенной работы) значительно превосходят сделанное за предыдущие годы. Что же включает в себя ветеранская общественная работа?

В течение всего периода очень многие ветераны принимали и принимают активное участие в военно-патриотической работе, выступая по местам своей бывшей службы в качестве однополчан, работы после увольнения в запас и ухода в отставку, а также по месту жительства.

Большое внимание всегда уделялось работе в средних школах, где были созданы комнаты, кружки, клубы боевой, трудовой и спортивной славы, а в отдельных случаях и галереи славы Героев Советского Союза. Ветераны участвовали в создании и продолжении деятельности движения юных зоргевцев в Москве и других городах. Значительная работа проводилась и проводится в 141-й московской школе, где создан музей Рихарда Зорге (заведующая Стромская Виолетта Николаевна), а рядом со зданием школы находится памятник этому замечательному разведчику.

Значимое место в военно-патриотической работе ветеранов занимают контакты с так называемой «малой Родиной» — местами их рождения и проживания до начала военной службы.

Практикуется также участие некоторых ветеранов в качестве командоров длительных автопробегов по территории нашей страны и их выступления в отдаленных гарнизонах сухопутных, авиационных войск и военно-морского флота. В дни празднования Дня Победы отдельные ветераны выезжают и в зарубежные страны, такие как Китай, Германия, Чехия, Словакия, Испания и другие.

Помимо устных форм работы используются также и письменные выступления в периодической печати, по радио и телевидению. Только за последние несколько месяцев вышло в свет шесть книг по разведывательной тематике, которые довольно быстро расходятся в продаже. На очереди выход в свет и новых публикаций.

Ветеранский коллектив проводит необходимую работу в интересах сохранения исторической правды о Великой Отечественной войне и военной разведке, защищая от злонамеренных попыток некоторых сил извратить и очернить героические подвиги защитников нашей Родины и ее военных разведчиков.

Мы провели большую работу по подготовке встречи участников военных действий в период Московской, Сталинградской и Курской битв, которые проходили в связи с 60-летием этих событий. Одновременно нами были изданы памятные материалы по этой же тематике.

Одно из важных направлений нашей работы условно можно назвать «награда находит героя». При содействии Совета целый ряд наших ветеранов был награжден орденами, медалями, почетными знаками и благодарственными грамотами за прошлые дела. Разведчикам, работавшим в нелегальных условиях, — Артуру Адамсу, Яну Черняку, Ивану Колосу и Вере Волошиной — было присвоено звание Героев Российской Федерации.

В связи со сложным экономическим положением в нашей стране и увеличением числа больных и нуждающихся ветеранов в течение последнего времени возникла острая необходимость в решении задач, связанных с их социально-бытовым обслуживанием. Это организация лечения в госпиталях и больницах и выделение патронажных сестер для оказании помощи больным на дому, содействие в приобретении бесплатных и дефицитных лекарств, оказание денежной помощи через благотворительные общества, оказание ритуальных услуг и прочее. Необходимо упомянуть и организацию бесплатных культпоходов в театры и на концерты, выделение для нуждающихся предметов одежды, обуви и предметов бытового порядка, оказание помощи и внимания вдовам ветеранов.

Итоги работы нашей ветеранской организации — СВВР — были высоко оценены военно-политическим руководством страны и непосредственно командованием ГРУ.

СОСЛУЖИВЦЫ ПО РАЗВЕДСЛУЖБЕ И СОРАТНИКИ ПО ВЕТЕРАНСКОЙ ОБЩЕСТВЕННОЙ РАБОТЕ

Помимо сослуживцев, которых я упомянул в основном тексте, непременно хочется вспомнить еще о некоторых заслуженных ветеранах, с которыми мне пришлось совместно проходить военную службу в разведке или общаться с ними при организации ветеранской работы. Естественно, что список этот можно было бы значительно расширить, но других ветеранов я не знал так близко и общался с ними значительно реже, поэтому не следует сетовать, что я забыл кого-то упомянуть.

Коснемся в первую очередь тех, кто воевал в партизанских отрядах и выполнял там разведывательные задания.

Кравченко Федор Иосифович,

майор, разведчик-нелегал в Мексике. В 1942—1943 годах, будучи командиром партизанского отряда Ивана Богуна, входившего в состав партизанской бригады Алексея Федорова, выполнял важные задания. Ему было присвоено звание Героя Советского Союза. В тридцатые годы участвовал в национально-освободительной войне в Испании, а после окончания Великой Отечественной находился на нелегальном положении во Франции. Его боевой подругой была известная партизанка Тамара Сергеевна Махарадзе. Умер в 1988 году.

Позняк Иван Михайлович,

полковник, сотрудник Разведотдела 51-й армии. В 1943 году возглавлял специальный раз-

ведпункт ГРУ Генштаба, охраняемый партизанами в Белоруссии, руководил несколькими разведгруппами, расположенными в стратегически важных городах, и обеспечивал Центр важной информацией по дислокации и передвижению гитлеровских войск в южной части республики. За время войны был награжден многими орденами, в том числе четырьмя орденами Красного Знамени.

Не менее значительным будет список наших пехотинцев, танкистов, моряков, зенитчиков, воевавших в разные периоды на многих фронтах и на морских просторах. Это следующие генералы и офицеры.

Попов Александр Григорьевич,

полковник. Под Сталинградом в районе с. Абганерово командовал батальоном 209-го стрелкового полка, которому после битвы было присвоено имя Абганеровского. Во время Курской битвы исполнял обязанности начальника штаба того же полка, а при форсировании Днепра временно командовал этим полком, удерживая на занятом правом берегу важный плацдарм. За это ему и еще пяти военнослужащим было присвоено звание Героя Советского Союза. После продолжительной службы в ГРУ и увольнения в 1973-м в запас регулярно выступает в печати и особенно тесную связь поддерживает с Курганской областью — своей «малой родиной».

Соломин Владимир Григорьевич,

гвардии генерал-лейтенант. Воевал в танковых войсках на трех фронтах (Центральном,

1-м и 2-м Белорусских), участник боев в качестве командира танкового взвода на Курской дуге. Войну закончил в должности старшего помощника начальника разведки танкового корпуса. Был очень тяжело ранен; надежд на спасение не было, и родителям была послана похоронка. Но всем смертям назло наш офицер выжил. Продолжил службу в стратегической разведке; был в многочисленных командировках, в том числе в странах, где шли боевые действия, уволился с должности начальника оперативного управления. Активист СВВР, более 10 лет возглавляет ветеранскую группу генералов и адмиралов.

Немченко Леонид Дмитриевич,
генерал-майор. Во время боев в Сталинграде командовал гвардейскими минометами, так называемыми «катюшами», в районе Мамаева кургана, и был ранен. В послевоенные годы был военным атташе в Египте и Великобритании. Вел активную работу в Московском комитете ветеранов войны. Умер в 1998 году.

Яшин Борис Дмитриевич,
контр-адмирал. В период войны неоднократно участвовал в проводке караванов советских кораблей в Атлантике, в 1945 году был начальником штаба высадки военно-морского десанта на побережье корейского полуострова, занятого японцами. После войны занимал ряд должностей по линии военно-дипломатической службы, в т. ч. военно-морской атташе в США и Великобритании. Умер в 1998 году.

Считаю целесообразным упомянуть небольшую группу ветеранов, которые, помимо значительных результатов в своей оперативной работе, стали в силу сложившихся обстоятельств участниками важных событий, значимых для истории не только нашей страны, но и мира.

Шелыганов Матвей Петрович,
генерал-майор авиации. В 1934 году вместе с Героем Советского Союза Каманиным Н.П. участвовал в спасении экипажа ледокола «Челюскин» и за успешное выполнение этой операции был награжден орденом Ленина. В военной разведке с 1939 года. В 60-е годы возглавлял оперативно-технический отдел ГРУ. Умер в 1982 году.

Вартанян Артак Арминакович,
генерал-лейтенант. В военной разведке с 1934 года. Находясь в командировке в США, обеспечивал прибытие в эту страну самолетов Чкалова В.П. и Громова М.М., участвовавших в сверхдальних беспосадочных перелетах. В послевоенные годы: заместитель начальника Военной академии Советской Армии, работал в НИИ «ОСНАЗ» и ЦНИИ «ОСНАЗ» МО СССР. После увольнения в запас долгое время занимался научной работой в Институте востоковедения Академии наук СССР. Долгожитель, умер в возрасте 97 лет в 1993 году.

Иванов Михаил Иванович,
генерал-майор. В военной разведке с 1940 года. В 1941—1946 годах работал в советском

*посольстве в Токио, Япония. После бомбарди-
ровки американцами в 1945 году Хиросимы по
заданию Центра прибыл на место гибели десятков тысяч людей для срочного сбора информации и предметов, подвергшихся радиа-
ции, а также для получения документальных снимков мест бомбардировки. После
этого чудом уцелел и недавно отметил свое
90-летие. Автор книг о Японии и о Рихарде
Зорге, кандидат наук, инициатор создания в
стране движения юных зоргевцев.*

Евсиков Николай Васильевич,

*полковник. В военной разведке с 1936-го. Ра-
ботал в аппарате военного атташе в Англии.
Во время Тегеранской и Ялтинской конференций, а также на некоторых других важных
международных встречах был личным перевод-
чиком у И. В. Сталина, за что был награжден
орденом Ленина. В 50-е годы военный атташе
в Канаде. Последние годы жизни посвятил
преподавательской деятельности, возглавлял
курсы иностранных языков. Умер в 1995 году.*

Среди наших ветеранов немало и женщин,
участвовавших в выполнении сложных, опасных
заданий военной разведки.

В первую очередь хочу упомянуть **Бердникову
Веру Васильевну.**

*Еще в гражданскую войну она выполняла раз-
ведзадания, работая в секретном отделе штаба
колчаковских войск. Была арестована и приговорена к расстрелу, но приговор не был осуществлен в
связи с ее несовершеннолетием. Через восемь месяцев ей удалось бежать из-под стражи. После окон-*

чания гражданской войны была несколько лет на нелегальном положении и вела разведку в белогвардейских войсках атамана Семенова, размещенных в Маньчжурии.

После успешного возвращения она была вторично награждена боевым орденом и продолжила службу в органах военной разведки. Вера Васильевна была одной из первых женщин, награжденных орденом Красного Знамени и окончивших Военную академию. После увольнения в запас, в звании майора, вела военно-патриотическую работу в ряде школ, расположенных на ее родине в Западной Сибири. Умерла в возрасте 95 лет в 1996 году. Ближайшими подругами Бердниковой В.В. были подполковники **Звонарева Наталия Владимировна** и **Полякова Мария Иосифовна**, о которых идет речь в этой книге.

В особую категорию разведчиков следует выделить **Яна Петровича Черняка.**

В 1935—1946 годах, в эти очень напряженные довоенные и военные годы, он создал довольно многочисленную и солидную разведывательную сеть в ряде европейских стран, источники которой в годы войны представляли ценнейшую военно-техническую информацию. Эта сеть работала в исключительно конспиративных условиях; какие-либо провалы не имели места. Сам Ян Петрович был образцом продуманной конспирации вплоть до своих последних лет жизни. Незадолго до кончины в 1995 году деятельность Черняка была достойным образом оценена — ему было присвоено высокое звание Героя Российской Федерации.

ЮБИЛЕИ.
К СТОЛЕТИЮ СО ДНЯ РОЖДЕНИЯ
ГЕНЕРАЛА Х.-У. Д. МАМСУРОВА

Юбилейная тема занимает особое место в деятельности нашей ветеранской организации. В 2002—2003 годах мы отметили 90-летие ныне здравствующих ветеранов — М. И. Иванова, И. И. Лучшева, А. Ф. Косицына, И. Я. Мелеха, Г. И. Финенко, а также недавно ушедшего от нас В. А. Кузнецова и А. Ф. Косицына. Издан памятный материал, посвященный 90-летию со дня рождения генерала армии Ивашутина Петра Ивановича, который около двадцати пяти лет возглавлял военную разведку. Принимаются меры по увековечиванию его памяти в Москве.

15 сентября 2003 года — сто лет со дня рождения Хаджи-Умара Джиордовича Мамсурова. В память об этом замечательном разведчике я счел своим долгом рассказать о нем более подробно.

Родился он в селе Ольгинское Правобережного района Северной Осетии. В 1936—1937 годах в звании майора-подполковника под фамилией Ксанти воевал в Испании, исполнял обязанности советника по разведке и подрывному делу. Принимал участие в создании 14-го партизанского корпуса и обороне Мадрида. В начале ноября 1936 года, когда бои уже шли на окраине города, было решено, что Мамсуров останется на нелегальном положении в столице, если она будет занята франкистами. Но, счастью, тогда этого не произошло.

Короткое время в начале войны он был советником в бригаде анархистов, которой командовал Дуррути. Она состояла из трех батальонов, которым были присвоены имена Кропоткина, Бакунина и Махно. Попытка Мамсурова уговорить Дуррути заменить фамилию Махно на фамилию другого известного анархиста успеха не имела. Этот период войны был для Мамсурова самым сложным в его жизни. Дуррути встретил его с большим недоверием и, только убедившись в его личной храбрости, стал с уважением к нему относиться. Воевать республиканцам вместе с анархистами было очень тяжело, иногда в силу своей недисциплинированности они могли в сложных ситуациях внезапно выйти из боя и часто подводили своих соседей на сопредельных участках фронта.

О военных буднях Мамсуров рассказывал необычные истории. Однажды, когда на фронте наступило временное затишье, был организован футбольный матч двух воюющих сторон — фалангистов и анархистов. Матч состоялся на нейтральной полосе, на узкой равнине между горами, где с противоположных сторон находились временные боевые позиции. Во время матча было несколько инцидентов на футбольном поле (такие инциденты не редкость и в мирное время), из-за которых разгорались страсти с обеих сторон. Болельщики с каждой стороны, а это пулеметчики и автоматчики, оставшиеся на своих позициях, были готовы в любую минуту открыть огонь по игрокам противника на «стадионе», что могло привести к военному столкновению и продолжению боевых действий. К счастью, счета во время игры открыто не было. Кто был судьей этого матча, нам неизвестно, но со своими трудными обязанностями он справился.

Осуществляя функции советника по разведке в республиканской армии, Мамсуров вел активную вербовочную работу в Интернациональной бригаде, где были представители разных стран Европы. Некоторые из них выехали впоследствии в СССР и были задействованы в разведработе во время Великой Отечественной войны и даже после ее окончания. Среди них я могу упомянуть бойцов батальона имени Тельмана 11-й Интербригады немцев Вилли Рома и Винцента Поромбку, которых я лично готовил и отправлял на боевые задания, о чем уже шла речь выше.

Впоследствии Мамсуров оказывал внимание и проявлял заботу в отношении своих испанских фронтовиков, оказывал им содействие по жилищным делам, продвижении их по службе и т.д. Так, например, принял меры в отношении возвращения в ряды военных разведчиков полковника Н. К. Патрахальцева, с которым воевал в Испании, и присвоении ему звания «генерал-майор».

После смерти Мамсурова эти разведчики платили ему той же благодарностью. Приезжая в Москву из других стран, они посещали его могилу и возлагали на нее цветы. Я был свидетелем, как в день Победы 9-го мая у его могилы собрались одновременно его фронтовые испанские друзья, соратники по военным действиям на фронтах Великой Отечественной, действующие офицеры и ветераны из Главного Управления ГШ. Вот что значит фронтовая дружба в действии.

В беседах со мной разведчица Рут Вернер рассказала, что Мамсуров был до войны одним из ее руководителей, когда она находилась на подготовке для поездки в очередную командировку за рубеж для выполнения заданий на нелегальном положении. Он много раз с ней встречался, дал много деловых советов при ее подготовке для поездки на работу в Швейцарию. Она также рассказала мне, что с большим вниманием прочитала книгу известного болгарского разведчика Ивана Винарова «Бойцы тихого фронта», где он подробно описывает встречи Мамсурова в Испании с нашим писателем и журналистом Михаилом Кольцовым и американским писателем Эрнестом Хемингуэем.

Во время Великой Отечественной войны Х.-У. Д. Мамсуров служил в штабах, а также командовал дивизией на Ленинградском, Юго-западном, Воронежском и 1-м Украинском фронтах. В апреле 1945 года он командовал 2-й Гвардейской Кавалерийской дивизией 1-го Гвардейского Кавкорпуса, которая обеспечивала осуществление Берлинской операции в период с 19-го по 24-е апреля. Из двух концлагерей ею было освобождено 16 тысяч 500 заключенных. Указом Президиума Верховного Совета СССР от 29-го мая 1945 года ему было присвоено звание Героя Советского Союза.

После окончания в 1948 году Академии Генерального штаба Мамсуров командовал дивизией, корпусом и общевойсковой армией. В 1957 году он был назначен заместителем начальника ГРУ. Находясь на этой должности, он добился положительных результатов в отношении реабилитации ранее репрессированных разведчиков. Именно по его заданию я выезжал в Западную Австрию и занимался поисками могилы нашего разведчика Льва Маневича (подробнее в 6-й главе), которому было присвоено звание Героя Советского Союза.

Мне помнится и встреча Мамсурова с резидентом, прибывшим из Южного Вьетнама в период войны с американцами. Я присутствовал на этой встрече как офицер, который вел вьетнамский участок. На встрече обсуждался вопрос улучшения работы нашей сайгонской резидентуры в условиях войны с американцами, включая и срочное направление в Сайгон миниатюрной радиостанции (подробнее в 7-й главе). Мамсуров немедленно принял срочные необычные меры, в результате которых радиостанция была благополучно переправлена и вскоре заработала. Во время этой встречи Мамсуров вспомнил также свой испанский опыт разведработы и дал нашему резиденту конкретные, очень полезные советы. Мне эта встреча надолго запомнилась и стала примером того, как надо проводить подобные мероприятия.

В Мамсурове очень удачно сочетался опыт командной, штабной и разведывательной работы. Это был исключительно смелый, решительный, инициативный человек, требовательный и справедливый к подчиненным. Иногда он был импульсивен, эмоционален, но не был злопамятным и признавал свою неправоту. Физически не переносил трусов, лодырей, подхалимов, приспособленцев, быстро их распознавал и освобождался от их присутствия. Также принципиально и даже запальчиво он повел себя, когда его просили санкционировать возвращение Пеньковского в военную разведку, куда он все-таки был принят и натворил затем много страшных бед.

Завершая рассказ о Х.-У. Д. Мамсурове, хочу отметить, что о его боевых делах немало рассказано в мемуарной литературе, особенно посвященной национально-освободительной войне в Испании. Так, писатель Илья Эренбург в своей книге «Буря» вспоминает о Мамсурове как о самом храбром советском офицере, воевавшем в Испании. Однажды я обнаружил, что сразу за могилой Мамсурова, на Новодевичьем кладбище в Москве, находится и могила И.Эренбурга. Вот так распорядилась судьба.

В ближайшие годы мы намечаем отметить столетние юбилеи еще нескольких руководителей военной разведки, внесших значительный вклад в деятельность нашей службы.

* * *

В завершение рассказа о деятельности нашей ветеранской организации военной разведки я как ее руководитель благодарен за оказываемую помощь в решении организационных вопросов руководителям ветеранских подразделений — В. И. Рогалису, В. Г. Соломину, Г. Ф. Михляеву, В. Д. Житкову, В. Я. Ермоленко. Сейчас ветеранскую работу активно ведут К. И. Леонтьев, С. В. Евдокимов, Ю. Ф. Данилычев, И. И. Поздняков, Г. В. Свешников, С. В. Катасонов и другие.

Из числа ушедших из жизни ветеранов надо с благодарностью вспомнить Д. В. Куничкина, К. Б. Леонтьева, В. П. Прохорова, Н. В. Аптекаря, В. К. Денисенко, И. М. Стовбуна, П. В. Бахара, Героя Советского Союза А. В. Фуковского, Б. Ф. Мясоедова, В. Г. Григорьева, В. И. Петрунина и других.

Глава 10

Письма разведчиков, направленные автору этой книги

В течение последних трех десятилетий в мой адрес поступило много десятков писем от ветеранов военной разведки, а также и от других лиц по самым различным вопросам. Большинство писем прибыло из Москвы и Санкт-Петербурга, однако приходили письма и из городов других государств, например из Берлина, Праги, Киева, Минска, Одессы.

Для книги отобраны наиболее интересные письма, в которых ветераны рассказывали об эпизодах из их личной жизни или проведенной оперативной работы. В отдельных письмах ветераны, а также вдовы ветеранов выражали свою благодарность за оказанное им внимание. Остановимся на некоторых из них.

ПИСЬМО СОТРУДНИКА СОВЕТСКОГО ТОРГПРЕДСТВА В БЕРЛИНЕ

Написано 22 сентября 1989 года полковником в отставке Н. М. Зайцевым[1], который работал несколько лет до войны под прикрытием нашего торгпредства в должности коменданта. В силу своих служебных обязанностей ему приходилось очень часто разъезжать по Берлину, и эти поездки не бросались в глаза соответствующим органам. За все время Зайцев не был ни разу зафиксирован немецкими спецслужбами во время агентурных встреч.

Продолжительное время, вплоть до 22 июня 1941 года, он поддерживал агентурную связь с резидентом берлинской группы разведчиков Ильзой Штебе. От нее поступала ценнейшая военно-политическая информация по Германии, значение которой особо возросло после начала Второй мировой войны и особенно в период подготовки Германии к агрессии против СССР. Вот содержание этого письма:

«Меня стала иногда подводить память. Вспомнил, что не отправил Вам мое фотооблачие. Нашел последнюю карточку и высылаю Вам. Уж какая есть.

Вспомнил одну деталь, которая косвенное отношение имеет к Ильзе. Когда немцы напали на Советский Союз, а это было в четы-

---

[1] Николай Максимович Зайцев родился в 1910 г. В Красной Армии с 1932 г. Окончил Ленинградское артиллерийское училище (1936). В военной разведке с 1940 г. Награжден орденами Отечественной войны, Красного Знамени, Красной Звезды.

ре часа утра, нас тогда забирали, как это изложено в моих опубликованных записях. Но вот что я Вам не рассказывал и там не написал.

Нас всех долго держали в гестапо, на Александерплац. Там есть большой зал, где находились все. Нас было человек 40, в том числе я и Сергейчик и еще другие люди; нас держали изолированно от общей массы за решеткой.

Вдруг по радио объявляют, что выступит по радио Гитлер с «Обращением к народу». Это было в восемь часов утра. Он в своей речи оправдывал необходимость нападения на Советский Союз. Не буду излагать его речь. Но в конце ее он сообщил, что советское торгпредство является «центром шпионажа против Германии». Это было его точное выражение. Мне пришлось переводить эту речь, чтобы ее поняли все там присутствовавшие. Теперь Вы представляете, ведь агентурщиком-то был один я. Сергейчик занимался другими делами. Значит, речь шла обо мне. Что ж, можно погордиться».

ПИСЬМО ЗВОНАРЕВОЙ Н.В. О ЖЕНЩИНАХ — ВОЕННЫХ РАЗВЕДЧИЦАХ, РАБОТАВШИХ В НАШЕЙ СИСТЕМЕ В ПЕРИОД 1918 — 1938 ГГ.

С ними она была лично знакома, а также знала об их работе в разведке. Но прежде всего хотелось бы несколько подробнее рассказать об этой замечательной женщине. Родилась она в 1901 году, в 1923 году закончила сельхозакадемию. В 1924 году начала работать в Разведуправлении, а с 1927 по 1932 год была на оперативной работе в Праге и Вене. По возвращении в Москву некоторое время возглавляла секретариат при начальнике Разведуправления.

В 1938 году была уволена из Разведуправления, а с началом войны в июне 1941 году была все время на фронте, занималась спецпропагандой среди войск противника по линии 20-й, затем 49-й армии; была многократно награждена. В 1954 году закончила военную службу в звании подполковника. Находясь в отставке, занималась общественной работой в Советском комитете ветеранов войны, приложила много усилий для создания музея Рихарда Зорге в 141-й московской школе и движения юных зоргевцев на территории СССР. Часто выезжала в командировки в ГДР, где встречалась со своей давней подругой, известной разведчицей Рут Вернер. Несколько раз они встречались в Берлине в дни празднования Победы и отмечали свои дни рождения 15 мая; даже сохранились их совместные фото того времени. Ниже приводится текст ее воспоминаний о женщинах-разведчицах, переданный мне перед смертью в личном письме:

«**Урванцева Аделаида Николаевна.** Родилась в 1896 г. Во время гражданской войны была медсестрой, затем работала в ЧОНе, выполняла разведзадания в тылу деникинских войск. Член ВКП(б) с 1921 г. В период с 1921 по 1924 г. училась на восточном факультете Военной академии (впоследствии имени Фрунзе). Закончила блестяще в числе трех первых женщин. По линии МИДа направлена в Персию, знала прекрасно французский, немецкий и фарси. Затем была в командировке в Турции. С 1928 по 1938 г. работала в ГРУ. Звание — старший политрук, четыре года бала на нелегальной работе. В 1932 г. в том числе в Вене в качестве помощника резидента.

В 1938 г. репрессирована, получила пять лет ссылки в Башкирию. Пасла стадо овец и каждый день тренировала свою память, вспоминала неправильные глаголы во французском и немецком языках, чтобы не забыть эти языки. После освобождения получила «города» и работала в Уфе преподавателем немецкого языка в вечерней школе №3. По возвращении в Москву работала в Центральном научно-исследовательском институте санпросвета Минздрава СССР. Много лет работала как активист в международной комиссии СКВВ, как секретарь группы развивающихся стран и член группы ГДР.

Активно участвовала в работе первой секции, несколько лет была групповодом 1-й группы, в которой, в основном, были на учете генералы и адмиралы. О ней остались следующие материалы:

— статья из газеты Военной академии «Фрунзовец»;

— воспоминания о ней Н.Б.Постниковой;

— статья в книге «На полках старинного шкафа».

Умерла в 1983 г.

(*Примечание автора:* в книге «Империя ГРУ», том 2, фамилия Урванцевой не упоминается).

Шуль-Тылтынь Мария Юрьевна[1]. Была замужем за разведчиком Альфредом Тылтынем, оказывала ему помощь в оперативной работе. В Красную Армию вступила добровольно. В 1919—1920 гг. сотрудница и уполномоченная Особого отдела 12 Армии на Украине. Из служебной характеристики: «Исключительно ценная, блестяще знающая работу, преданная делу и заслуженная работница-партийка (член ВКП(б) с 1919 г.). Обладает твердой волей и выдержанным характером, хорошая организаторша, пользуется большим авторитетом среди подчиненных. Умеет управлять людьми и заставить подчиниться своей воле. Быстро ориентируется в сложной обстановке и умеет находить выход из трудного положения. Хорошо владеет тремя европейскими языками. Была награждена двумя орденами Красного Знамени. Заслуженный и весьма ценный работник. Выполняла ответственные задания во Франции, Чехословакии и США.

---

[1] Родилась в 1896 г. В военной разведке с 1921 г. Работала в ряде стран Европы (1921—1922), Чехословакия (1922—1923), Франции (1923—1926), США (1927—1930). Затем во Франции и Финляндии, арестована в 1933-м году.

В последней командировке в Финляндии была в 1934 году; арестована и приговорена к восьми годам тюрьмы, где и погибла. Ее девятилетнего сына, оставленного в качестве «подсадной утки», выкрал наш работник Болтин И.И. В Финляндии выполняла функции нелегального резидента».

Вот выдержка из воспоминаний радиста, работавшего с ней, его мы все звали Чарли; у нас он был под фамилией Шнейдер Григорий Иванович.

«...В отношении Марии, о которой нужно и должно написать. Я бы охотно передал бы это сделать кому-либо другому, человеку, умеющему рассказать о ней не только как о способной разведчице-коммунистке. Она прекрасно понимала, во имя чего все это делается и ради чего готова была отдать жизнь и биться насмерть».

(Подробнее о М. Ю. Тылтынь см.: Кочик В. Салют Мария! // Секретные материалы. СПб., 2000. № 15. С. 14—15).

Гинзбург Ревекка Львовна. Член ВКП(б) с 1918 г. Участник гражданской войны. Работала шифровальщицей в 12 Армии у С. И. Аралова. В ГРУ пришла в 1923 году. Была на полулегальной и нелегальной работе в ряде стран. До прихода в ГРУ была в командировке в Литве и Турции, в обеих странах С.И.Аралов был полпредом.

Она работала и с Маневичем Л.Е.; у нее была очень хорошая «крыша» — чудесный голос, она использовала свои занятия в музыкальной школе для встреч, передачи почты и т.д. Хорошо владела французским, немецким и итальянским языками. Перед увольнением из армии в 1937 г. работала в Разведуправлении Закавказского военного округа с Мавлюковым Хусаином. Репрессирована не была. После возвращения в Москву работала в Центральном научно-исследовательском институте Минздрава СССР. Одно время была женой нашего сотрудника генерала В. А. Дубовика, имела дочь Анжелу. Умерла в конце 80-х годов. Мы знали друг друга с 1921 года.

(*Примечание автора:* в книге «Империя ГРУ», том 2, на стр. 436 имеются краткие данные о прохождении службы Гинзбург Р.Л.).

Фрейман Эмилия Михайловна[1], жена руководящего работника советской военной разведки Песса Августа Яковлевича, одного из руководителей нашей службы в Эстонии, Австрии, Финляндии. Умер в 1933 году. Она член ВКП(б) с 1918 г. В 1919—1920 гг. работала делопроизводителем в Особом отделе ВЧК, в 1921 г. в НКИД (Народный комиссариат иностранных дел) секретарем отдела. В 1928—1930 гг. была в Вене вместе с мужем, выполняла полулегальные обязанности связной. Самостоятельно, после его смерти, работала в Дании.

---

[1] Родилась в 1901 г. Уволена из РККА в январе 1938 г.

Была репрессирована, жила в Джезказгане, где угробила сердце. После отбытия срока убыла в Ригу, где и умерла. Имеются хорошие воспоминания о ней у К. Гофмана.

(Примечание автора: в книге «Империя ГРУ», томе 2 о ней не упоминается, о ее муже имеются краткие данные на стр. 391—392).

Смирнова-Аппен Лариса Михайловна, жена сотрудника ГРУ, работавшего на руководящих должностях в 1920—1937 гг., после чего он был репрессирован. Она участница гражданской войны, в которой участвовала вместе с Подвойским Н.И. Была ранена в Пулково, после выздоровления была направлена на Украину вместе с Подвойским для ликвидации местных банд. Член ВКП(б) с 1919 г. В 1921 г. была направлена для работы в Персию в качестве сотрудника нашего посольства. По пути задержалась в Тифлисе и работала со Стасовой. В ГРУ проходила службу с 1926 по 1934 г. С мужем Аппеном Александром Петровичем была в Шанхае во время трех рабочих восстаний, выполняла роль связной. Имеются интересные факты об этой ее деятельности. В 1934—1937 гг. работала секретарем у И.П.Уборевича. Была дважды репрессирована, но даже в лагере была «ударницей труда» и была досрочно освобождена — раньше на один год. Вторично была осуждена на десять лет, но мне лично удалось ее освободить на шесть лет раньше. Довольно давно умерла.

Феррари Елена Константиновна. Настоящая фамилия Голубовская[1] Ольга Федоровна. За работу вместе с Марией Юрьевной Шуль-Тылтынь награждена в 1933 г. орденом Красного Знамени. Я была с нею лично знакома. Была репрессирована и из мест заключения в связи со смертью не вернулась».

ПИСЬМО ЯНИНЫ БЛАНКЕНФЕЛЬД, ДОЧЕРИ ИЗВЕСТНОЙ РАЗВЕДЧИЦЫ РУТ ВЕРНЕР (АГЕНТУРНЫЙ ПСЕВДОНИМ «СОНЯ»)

Янина родилась в Варшаве 27 апреля 1936 г. Через четыре дня Рут Вернер покинула клинику и направила в Центр радиограмму, в которой извинялась, что пропустила один сеанс радиосвязи по случаю рождения дочери. Впоследствии Рут Вернер пришлось в течение нескольких месяцев во время радиосеанса одной рукой работать на ключе, а второй рукой качать люльку с ребенком. По внешности и по своей боевитости Янина стала похожа на свою мать. В память о своей матери она написала книгу.

Привожу текст двух писем, полученных от Янины (перевод с немецкого автора).

---

[1] Родилась в 1899 г. По линии военной разведки с 1920 г., работала в Персии, Турции, Франции, Германии, Италии. Уволена из РККА в январе 1938 г. Расстреляна 16 июня 1938-го.

«Спасибо Вам, Виктор Викторович за интересный разговор по телефону. Похороны моей мамы прошли в широком плане: было получено много добросердечных писем и телеграмм. Все члены нашей большой семья, а это 36 человек, прибыли на похороны из Германии, Англии и Франции. Таким образом, три поколения почтило память моей мамы; было много ее друзей, представителей мира искусства, которые участвовали в поминках, организованных в одном из ресторанов. В середине зала был размещен портрет мамы.

И в это время мне пришла в голову мысль, что если бы ей пришлось бы присутствовать в большом кругу умных людей, то она улыбнулась бы и сказала: «Друзья, не устраивайте такой спектакль в отношении моей персоны». Я очень переживала ее отсутствие и стремилась побыстрее переехать в ее квартиру (я жила ранее рядом в доме за углом), завести с ней разговор, купить ей какие-либо продукты или пойти с ней погулять. Ведь есть так много разных дел, о которых я бы хотела ей сообщить. Может, со временем я привыкну к этой новой ситуации.

В настоящее время надо еще навести большой порядок в ее доме. Но все в этом доме напоминает мне о ней. Я надеюсь, что Вы и Ваша супруга будете еще долго здравствовать. Обнимаю вас из моего далека».

А вот текст второго небольшого письма.

«Благодарю за Ваше теплое письмо. У меня много времени ушло на решение вопросов, связанных с маминой квартирой; ведь там находилось огромное количество книг, писем, полученных ею, и разных документов.

К сожалению, я знала от мамы очень немного о моем отце, о котором мама подробно написала в своей книге «Соня рапортует». Он жил долгое время в Аргентине, где и умер. Один раз до своей смерти он приезжал в Берлин. В январе-феврале выйдет о моей маме документальный телефильм, естественно, им будут интересоваться и за пределами Германии».

Вскоре кассету с записью этого фильма мы получили от Янины.

ПИСЬМО РУКОВОДИТЕЛЕЙ ВОЛГОГРАДСКОГО МУЗЕЯ-ПАНОРАМЫ «СТАЛИНГРАДСКАЯ БИТВА» И МЕСТНОГО МУЗЕЯ В Г. ОСТЕР ЧЕРНИГОВСКОЙ ОБЛАСТИ УКРАИНЫ

«Уважаемый Виктор Викторович, Ваше письмо, воспоминания и ксерокопии документов участника боев в Сталинграде генерал-майора Никольского Виталия Александровича нами получены. Большое Вам спасибо. Воспоминания Никольского будут находиться в фондах музея-панорамы и использоваться в работе научными сотрудниками.

Справочная картотека Никольского В.А. занесена в картотеку «Сталинградского отдела» нашего музея. Копии документов очень интересные, но дело в том, что музей собирает подлинные документы, поэтому нам бы хотелось (если это возможно), чтобы Вы нам их прислали. Если это невозможно, то мы просим Вас подробно описать какого цвета сам пропуск, его обрамление, текст на нем и подпись. То же самое мы просим Вас сделать и с удостоверением. Эти данные необходимы нам, чтобы изготовить качественные муляжи для экспозиции музея.

В своем письме Вы сообщаете, что у Вас есть еще ряд материалов, касающихся Сталинградской битвы. Нам было бы очень интересно с ними ознакомиться. Заранее Вам благодарны».

Директор музея в г. Остер благодарит в своем письме за получение материалов о деятельности руководителя партизанского отряда разведчика майора Гнедыша Кузьмы Савельевича и его радистки Клары Давыдюк. Речь идет также о получении им книги «Люди молчаливого подвига», где опубликован рассказ Б.Гусева о Гнедыше.

В наградном листе на Гнедыша сказано, что, благодаря переданным им разведанным об оборонительных сооружениях и состоянии обороны противника, было обеспечено быстрое форсирование Десны и Днепра частями Красной Армии, а также оказана помощь в осуществлении Белорусской операции в 1944 году. Гнедыш и Давы-дюк героически погибли 19 июня 1944 года во время немецкой карательной операции.

ПИСЬМО ИЗВЕСТНОГО РАЗВЕДЧИКА БЕРЛИНСКОЙ РЕЗИДЕНТУРЫ ГЕРХАРДА КЕГЕЛЯ ИЗ БЕРЛИНА
от 11 марта 1988 г.
(перевод с немецкого автора)

«Дорогой товарищ Виктор! Я написал книгу «В бурях 20-го века», на это у меня ушло пять лет, где в главе «Шарлотта нашлась» упоминается о Вас как о капитане Викторе. В связи с этим меня часто спрашивали мои дети и внуки, а также другие читатели этой книги о Вашей дальнейшей судьбе. И вот благодаря статье в Вашей военной газете «Красная звезда» я узнал о Вас более подробно.

Ваш журнал «Огонек» публиковал выдержки из моей книги, корреспонденты советского телевидения неоднократно брали у меня интервью. Я поддерживал контакт с бывшими советскими офицерами, ушедшими на пенсию, с которыми познакомился после 1945 года. От них приходили письма из Москвы, Ростова-на-Дону, Минска, даже Новосибирска и из других мест. По-прежнему принимаю некоторое участие в публицистической деятельности.

Теперь о наших семейных делах. Моему сыну Петеру уже исполнилось 50 лет, он помнит Вас как «дядю Виктора», а также знаменитую поездку с Вами на военном джипе из горных районов на границе Чехословакии (Ризенгебирге) в Берлин. Он передает Вам теплый привет. Моя жена и боевая подруга Шарлотта закончила медицинский факультет Берлинского университета и некоторое время работала по специальности. В конце 60-х годов она, к большому сожалению, ушла из жизни в связи с раковым заболеванием.

Петр получил образование в области агрономии, был на учебе на краткосрочных курсах в Москве, теперь работает в министерстве сельского хозяйства. В 1951 году у меня родился второй сын, ему уже более 30 лет, работает в радиостудии, готовит музыкальные передачи для молодежи. Один внук работает инструментальщиком, второй на строительстве домов. Дочь Урсула выехала за рубеж, и я давно с ней не встречался.

Сообщение Вашей газеты о смерти генерал-майора Леонтьева Константина Борисовича, которого я знал еще до войны как Петрова Павла Ивановича, меня просто потрясло. Я очень благодарен ему за помощь в публикации моей книги «В бурях 20-го века» в печати в переводе на русский язык.

Если Ваш путь будет проходить через Берлин, то я жду Вас у себя дома как желанного гостя. Ваш Герхард».

Этим предложением я воспользовался и был дважды с супругой у него в гостях в Берлине. Во время встречи было много воспоминаний о прошлом и нашей совместной работе.

ОТВЕТНОЕ ПИСЬМО КРЕМЕРА С.Д., ПРИСЛАННОЕ ИЗ ОДЕССЫ

Кремер С.Д. родился в 1900 г. Службу в Красной Армии начал в ноябре 1918 г., Военную академию имени Фрунзе закончил в 1934 г. К работе в военной разведке был привлечен в 1936 г. и через год был направлен по указанию начальника Разведуправления Урицкого на должность секретаря военного атташе при посольстве СССР в Великобритании, где проработал 5 лет.

Работать пришлось в трудных условиях военного времени, к тому же очень продолжительное время в стране не было военного атташе. Значительную помощь ему оказал в работе офицер Н. В. Аптекарь. В 1941 г. установил агентурную связь с известным нашим разведчиком Клаусом Фуксом, от которого на четырех встречах получил 200 листов секретных документальных материалов по вопросу создания в Великобритании атомной бомбы. Дальнейшую связь с К.Фуксом осуществляла наша разведчица Рут Вернер. После возвращения из Лондона был направлен для прохождения службы в бронетанковые войска, отличился в боях с гитлеровскими войсками, получил звание Героя Советского Союза и военную службу закончил в звании генерал-лейтенанта. Приводим текст его ответного письма нам, написанный в феврале 1991 г.

«Здравствуйте, дорогой товарищ Бочкарев! Спасибо за поздравление с праздниками, а также за память обо мне. Не скрою, меня очень тронуло Ваше поздравление.

Серьезно подумал о Вашем предложении написать воспоминания для намечаемой книги, связанной с действиями военной разведки за рубежом. У меня ничего подходящего не получится. О некоторых вещах писать еще не настало время, а также я не могу писать в связи с моим физическим состоянием, мне идет 91-й год, очень плохо со зрением, читать приходится с лупой, диоптрии высокие. Вот такие у нас дела. Видимо, мой замечательный друг Н. В. Аптекарь переоценил мои возможности, порекомендовав Вам мое участие. Желаю Вам успеха и без моего участия. У меня остались очень интересные воспоминания о службе в бронетанковых войсках, особенно в годы войны, но и по той же причине я не смогу написать об этом.

В 1942 году заместитель начальника Генштаба ВС СССР был с визитом в Лондоне и использовал мои возможности в качестве переводчика, затем он вылетел в Москву окружным путем, сопровождая при этом Черчилля, и в этом плане я был ему очень нужен.

На этом моя карьера военного разведчика за-
кончилась.

Что касается моей работы в военной раз-
ведке, то мои дела складывались не лучшим
образом. Несмотря на обещания, данные мне
Центром, я несколько лет работал в Лондоне
при отсутствии военного атташе, а мое
продвижение вообще отсутствовало. Поэто-
му, по моей просьбе, по прибытии в Москву
исполнявший обязанности начальника воен-
ной разведки И. И. Ильичев на запрос коман-
дующего бронетанковыми войсками генерала
Федоренко: «Скажите, Кремер вам очень
нужен?», тут же прямо при мне ответил:
«Нет, не нужен». Тогда же Федоренко ска-
зал: «Вышлите его личное дело мне».

                    С уважением, Кремер».

К сожалению, смертный час С. Д. Кремера
наступил при следующих обстоятельствах. 1 ноября 1991 году он получил из Москвы телеграмму о скоропостижной смерти его друга Н. В. Аптекаря. Прочитав эту телеграмму, он почувство-
вал себя плохо и на следующий день скончался.

ПИСЬМА ВИЛЛИ РОМА, ПРИСЛАННЫЕ ИЗ БЕРЛИНА

В предыдущих главах уже неоднократно упо-
миналось имя этого разведчика, закончившего
службу в наших вооруженных силах в звании
подполковника. Это же звание было ему присвоено после возвращения и начала работы в

ГДР. За послевоенные годы я получил от него более 20 писем, цитировать их все затруднительно, поэтому остановлюсь на отдельных моментах.

Уже через некоторое время после окончания Второй мировой войны в некоторых изданиях западной прессы был опубликован ряд статей о работе и провале В. Рома в Швеции. В некоторых статьях имело место искажение многих фактов: ему приписывались действия, в которых он не участвовал, его подпольная фамилия, биографические данные, пароли, которыми он пользовался, также были взяты «с потолка». В отношении его бегства из-под стражи в больнице было также много вымышленного.

Ром решил по своей инициативе дать отпор появившейся клевете и отдельным грубым выражениям в его адрес и написать книгу о своей командировке в Швеции. Он продолжительное время работал над этой книгой, дополняя и исправляя написанный материал, но в силу возникших внешних политических обстоятельств книга в свет не вышла. Тем не менее в отдельных немецких и шведских средствах массовой информации были опубликованы статьи в его защиту.

Немецкий писатель Юлиус Мадер написал брошюру о Роме, коснувшись его работы в командировке, включая и исполнение им обязанностей не только нелегального резидента, но и радиста.

Кстати говоря, что касается последней послевоенной командировки В. Рома, все имеющиеся данные остались почти неизвестными для общественности.

В своих письмах Ром значительное внимание уделяет описанию встреч в Берлине участников национально-освободительной войны в Испании в 1936—1939 гг. Так, например, с 10 по 15 сентября 1981 г. в Берлине проходили торжественные юбилейные мероприятия, связанные с созданием в 1960 г. Международного комитета интербригад. На этой международной встрече были делегации из 26 стран, в том числе из Советского Союза. Участники встречи посетили ряд мест, где они в период войны участвовали в военных действиях.

А в октябре 1981 г. в Мадриде была организована встреча интербригадистов, посвященная 50-летию создания в Испании интербригад. Вилли Ром участвовал во всех этих мероприятиях. В последних письмах Ром пишет, что большинство интербригадистов, бойцов батальона имени Тельмана уже ушло из жизни, из известных ему в Берлине остались единицы.

ПИСЬМО ОФИЦЕРА ГРУДИНКО Б.И. О ЕГО ПОЕЗДКЕ В НАЧАЛЕ ВОЙНЫ ИЗ МОСКВЫ В КИТАЙ

Вот его письмо от 22 декабря 1999 г. Мы его помещаем, чтобы современный читатель мог себе представить, какие трудности приходилось подчас преодолевать сотрудникам нашей службы даже вне пределов районов военных действий. В настоящее время Б. И. Грудинко живет в Санкт-Петербурге.

«Я поступил в ГУ на один год позже Вас — летом 1940 года. Из прежних сотрудников помню полковников Гридасова, Фролова, капитана Дьяконова, полковника (позже генерал-лейтенанта) Славина Ивана Васильевича[1]. После войны последний был нашим послом в Дании, в прошлом летчик-истребитель, очень славный человек. Кстати, он участвовал в заседаниях конференции глав союзных государств в Тегеране.

15 октября 1941 года (дата-то какая!) вместе со Славиным, Дьяконовым и еще несколькими сотрудниками ГУ я выехал в теплушке из Москвы в Алма-Ату. Ехали с относительным комфортом — спали на нарах, в вагоне была печка, на которой сопровождавшие нас две или три женщины готовили горячую пищу. В их числе была и мать И.В.Славина. У нас был запас кое-каких продуктов и даже табак.

Но эшелон шел нестерпимо медленно: путь до Свердловска занял более двух недель. Я решил, что смогу один добраться до Алма-

---

[1] Речь идет о Николае Васильевиче Славине, родившемся в 1903 г. Он окончил 3-ю Военную школу летчиков и летчиков-наблюдателей (1929) и специальный факультет Военной академии им. М. В. Фрунзе (1936). В военной разведке с 1936 по 1953 г. С 1953-го в МИД СССР. Посол в Дании (1955—1958). Умер в 1958 г.

Аты быстрее и, распрощавшись со своими спутниками, покинул эшелон. Одна из наших спутниц попросила меня опустить в Алма-Ате письмо мужу, офицеру, служившему на авиабазе под Алма-Атой, куда она ехала.

Вот тут-то и начались мои мытарства. Я купил билет до Омска и ехал в битком набитом вагоне, стоя и не шевелясь, весь путь в тамбуре. Из Омска до Новосибирска билетов не продавали, надо было ехать зайцем, но на перрон из здания вокзала не пропускали. На перроне поэтому не было ни души, а мне надо было там караулить шедший с запада в Новосибирск поезд. Это уже был ноябрь месяц. Местные и эвакуированные ходили в валенках и зимней одежде, а тут такой франт (это я-то) в легком демисезонном пальто, фетровой шляпе, легких полуботинках и небольшим чемоданчиком. Субъект подозрительный. На перрон я все-таки проник, где меня и задержали. С трудом выкрутился, но предупредили, чтобы на перрон больше не лез. А мне позарез надо! Все-таки пролез и вскоре попал на проходящий в Новосибирск поезд. Договорился с проводником и благополучно доехал в его купе до Новосибирска. Из Новосибирска до Алма-Аты ехал на верхней полке. В Алма-Ате устроился в гостинице в аэропорту в большой комнате, где было человек двадцать, в основном женщин — жен ответственных работников, эвакуированных из западных областей, занятых немцами.

Необходимая сумма для покупки билета на самолет из Алма-Аты до Урумчи (Синьцзян) у меня была отложена. А вот сверх этого денег оставалось лишь на одноразовое питание (каша) в день. Но основная проблема заключалась не в этом. Уезжая из Москвы, я получил командировочные из расчета на пять дней, а пробыл в пути больше месяца. В связи с нехваткой денег еще во время езды в теплушке я предложил одному из моих спутников, полковнику (фамилии не помню), который также направлялся в Китай, взять у меня 100 американских долларов и дать мне взамен рубли (по тогдашнему курсу 5 рублей 30 копеек за один доллар). Тот, естественно, согласился. Однако теперь в Алма-Ате, когда я мог бы купить билет на самолет и улететь в Китай, я обнаружил, что срок разрешения на вывоз валюты (200 долларов) уже истек, а у меня на руках была лишь половина соответствующей суммы. Такие тогда были строгости во всем, что касалось валюты. Вы знаете. К счастью, я помнил зашифрованный адрес авиабазы на конверте письма, которое я по поручению моей спутницы по теплушке отправил из Алма-Аты. По этому адресу я отправил срочную телеграмму на имя полковни-

ка Славина И.В. Через несколько дней мне выдали недостающие 100 долларов, и я вылетел в Китай к месту своего назначения.

После войны я лишь однажды виделся со Славиным в Москве. Насколько я помню, в конце 1941 года он руководил действиями наших летчиков, служивших у Чан Кайши, их отряд дислоцировался в районе Ланьчжоу».

Помимо этой командировки Грудинко Б.И. пробыл еще несколько лет в одном западном государстве, где добился хороших результатов работы.

Письма активистов нашей ветеранской организации

В этих письмах выражены слова благодарности в адрес Президиума Совета ветеранов военной разведки и его председателя, руководства секции и групповодов, которые осуществляют текущую работу с ветеранами. Остановимся на письме Ф. С. Веселова, разведчика-восточника, посвятившего нашей службе 30 лет, выполняя задания командования в Иране, Турции и Афганистане. Письмо датировано 7 июля 1986 г.

«Уважаемый Виктор Викторович! Сердечно поздравляю Вас с 70-летним юбилеем и желаю крепкого здоровья, успехов в выполняемой Вами большой и нужной работе. Являясь руководителем весьма важного участ-

*ка, Вы пользуетесь заслуженным авторите-
том среди всего коллектива. В общении с
Вами я встречаюсь с тактичным, вежливым,
внимательным и доступным руководителем.
Одновременно хочу выразить слова благодарности руководству Совета ветеранов военной разведки. С уважением Веселов Ф.С.».*

Не менее теплое письмо поступило от полковника Н. Ф. Вдовина, посвятившего нашей
службе 30 лет, участнику Великой Отечественной
войны и обороны Москвы 1941 года. Он успешно выполнял задания в трех зарубежных командировках и впоследствии исполнял обязанности
начальника секретариата при начальнике ГРУ.
Вот что он пишет.

*«Дорогие товарищи! Благодарю вас, под-
писавших поздравительное письмо в мой
адрес. Приятно сознавать, что у меня есть
товарищи и друзья, которые помнят обо мне.
Да, много лет прошло с тех пор, когда мы работали в знаменитом по тому времени Разведывательном управлении. И в тяжелое
время и в светлые дни мы делали все для укрепления нашей разведки, армии и страны в
целом.*

*Прошу записать в мой актив: провел ряд
занятий в местной спецшколе, встречался со
старшими классами, рассказывал о моем
участии в битве под Москвой. На встрече
присутствовали помимо учеников их родители и преподаватели.*

Дорогие товарищи, друзья, еще раз спаси-бо большое, не забывайте нас, стариков, немало отдавших своих сил и здоровья для укрепления нашей Родины! С глубоким уважением Ваш Ф. Н. Вдовин».

В заключение следует отметить, что немало слов благодарности в устной и письменной форме в адрес Совета ветеранов поступило от вдов наших ветеранов, с которыми мы через группо-водов поддерживаем контакт и оказываем посильную помощь. К их числу относятся следующие женщины: Коптякова Антонина, Логинова Нина Евгеньевна, Махарадзе Тамара Сергеевна, Немченко Евгения Сергеевна, Савельева Ольга Николаевна.

Тексты некрологов
(перевод с немецкого автора)

Некролог о смерти ГЕРХАРДА КЕГЕЛЯ:
«Герхард Кегель, посол, находящийся в отставке, родился 16 ноября 1907 г. в Верхней Силезии, умер в день своего рождения 16 ноября 1989 г.

Соболезнование выражают Петер Кегель и его семья. Герхард Кегель-младший и его семья, Урсула Перно, урожденная Кегель, и ее семья.

Похороны состоятся в четверг 7 декабря 1989 г. в 14.00. в прощальном зале центрального берлинского кладбища Фридрихсфельде. Захоронение урны в колумбарий состоится на Перго-ленвег».

От сына Петера нами было получено сообщение, что смерть наступила после инфаркта в то время, как Герхард Кегель поздно вечером смотрел телевизор, сидя в кресле. В это время шла довольно беспокойная телепередача.

Некролог о смерти РУТ ВЕРНЕР:

«Рут Вернер родилась 15 мая 1907 г. в Берлине, умерла 7 июля 2000 г. на 94-м году жизни. Соболезнование подписали Янина, Петер, сестры, дети, внуки и правнук. Покойная является кавалером советского боевого ордена Красного Знамени 944, выданного в 1937 г.»

Поминки состоялись 17 июля 2000 г. в 11.30 в зале крематория по месту жительства покойной в Баумшуленвег. Похоронена она на том же кладбище в могиле своего мужа Лена Бертона.

Некролог о смерти ВИЛЛИ РОМА:

«Вилли Ром родился 1 декабря 1911 г. во Франкфурте на Майне, умер в Берлине 2 января 1999 г. Участник борьбы против фашизма, интербригадист. Соболезнование выражают Ульрике и Катя Ром, как и все родственники, живущие в Берлине и Москве. Похороны состоятся в понедельник 8 января 1999 г. в 13.30. на центральном берлинском кладбище Фридрихсфельде, где обычно хоронят всех интербригадистов». На церемонии похорон присутствовала группа интербригадистов из батальона имени Тельмана 11-й Интербригады. При опускании гроба был приспущен испанский государственный флаг. Все могилы на кладбище имеют одинаковой формы могильные плиты и вертикальные надгробные доски.

Заключительное слово

Воспоминания завершены. Выражаю надежду, что на примере моего пути военного разведчика, опыта 60-летней деятельности в интересах ГРУ, в какой-то мере раскрыты будни нашей службы, ее неожиданные, приятные и печальные повороты, готовность к выполнению любого задания с полной отдачей жизненных сил, выдержка в сложных ситуациях и честь офицера-разведчика.

В книге освещен период работы нашей военной разведки, охватывающий значительную часть XX вска. За это время прошли две мировые войны, преодолен период «холодной войны», были значительно усовершенствованы все виды вооружения и тактика их применения, появились средства массового уничтожения (СМУ), изменились методы ведения военных действий. На протяжении всего периода активно действовали разведки и контрразведки всех воюющих и конфронтующих стран. Наша военная разведка в основном с поставленными задачами справилась, хотя и были серьезные кадровые потери накануне и в начальной период Великой Отечественной войны.

Наступил XXI век, который, к сожалению, уже ознаменовался военными действиями в Югославии и Ираке, появились силы, поддерживающие и осуществляющие международный терроризм, возникла острая необходимость противодействовать ему, и немалая роль в этом плане отводится военным разведкам, в том числе и нашей.

Наш ветеранский коллектив твердо уверен в том, что наша военная разведка в современных условиях останется по-прежнему сильной и организованной, обеспечит безопасность государства.

Хочу поблагодарить всех, кто помог в подготовке и написании данной книги. Необходимая помощь и консультации были получены от наших журналистов и, скажем прямо, летописцев, таких, как полковники И. В. Пупышев и В. И. Бойко, а также сотрудник музея ГРУ Е. С. Бочков.

Добрые слова хотелось бы высказать руководству 5-го Управления РККА, которое более 60 лет тому назад определило мою судьбу, связанную с долгой и содержательной деятельностью в интересах военной разведки. Хочется выразить благодарность и нынешнему командованию ГРУ ГШ — за оказание нашей ветеранской организации значительной помощи в различных областях деятельности, особенно в проведении военно-патриотической работы, и за внимание в решении личных и бытовых вопросов ветеранов военной разведки.

Именной указатель

314

Литература

1. *Болтунов М.* Агентурой ГРУ установлено. М.: Русская разведка, 2003.
2. *Болтунов М.* Мы, брат, из разведки// Ориентир. 2000. № 5.
3. *Болтунов О.* В память о разведчице Соне// Ориентир. 2003. №3.
4. *Бондаренко А.* Авиация продолжает отставать...// Красная звезда. 2002. 19 февраля.
5. *Бочкарев В., Колпакиди А.* Суперфрау из ГРУ. М.: Олма-Пресс, 2002.
6. *Василевич И., Сгибнев А.* Подвиг в тени эшафота// Пограничник. 1988. №№ 11—12.
7. *Вернер Р.* Соня рапортует. М.: Прогресс, 1980.
8. *Ивашутин П.* Разведка, интегрированная в политику// Независимое военное обозрение. 1998. № 22.
9. *Кегель Г.* В бурях 20-го века. М.: Издательство политической литературы, 1987.
10. *Книппер В.* Пора галлюцинаций. М.: Сполохи, 1995.
11. *Колпакиди А.* Империя ГРУ. В 2 т. М.: Олма-Пресс, 2000.
12. *Кольцов М.* Испания в огне. Т. 2. М.: Издательство политической литературы, 1987.
13. *Лота В.* План «Z» отменяется навсегда//Красная звезда. 2001. 3 окт.
14. *Лота В.* Резидент Мария// Совершенно секретно. 1999. № 11.

15. *Маневич Т.* О тех, кого помню и люблю//Красная звезда. 2002. 31 октября, 1, 5 ноября.

16. *Мельников С.* Маршал Рыбалко. Киев: Издательство политической литературы, 1980.

17. *Павлов А.* Разведка необходима в «век партнерства»//Красная звезда. 1993. 11 февраля.

18. *Шумилин Г.* Со спецзаданием. М.: РИА-Кардинал, 1996.

19. *Штеменко С.* Генеральный штаб во время войны. М.: Воениздат, 1985.

ОГЛАВЛЕНИЕ

Виктор Викторович Бочкарев

60 лет в ГРУ

Печатается в авторской редакции

Художественный редактор *С. Силин*
Компьютерная верстка *Л. Косарева*
Корректор *Е. Чеплакова*
Ответственный за выпуск *И. Пучкова, А. Светлова*

ЛР № 065715 от 05.03.1998. ООО «Издательство «Яуза».
109507, Москва, Самаркандский б-р, 15.
Для корреспонденции: 127299, Москва, ул. Клары Цеткин, 18, корп. 5
Контактный тел.: (095) 745-58-23.

ООО «Издательство «Эксмо»
127299, Москва, ул. Клары Цеткин, д. 18, корп. 5. Тел.: 411-68-86, 956-39-21.
Интернет/Home page — www.eksmo.ru
Электронная почта (E-mail) — **info@eksmo.ru**

*По вопросам размещения рекламы в книгах обращаться в рекламный отдел
издательства «Эксмо». Тел. 411-68-74.*

Оптовая торговля:
109472, Москва, ул. Академика Скрябина, д. 21, этаж 2.
Тел./факс: (095) 378-84-74, 378-82-61, 745-89-16, многоканальный тел. 411-50-74.
E-mail: **reception@eksmo-sale.ru**

Мелкооптовая торговля:
117192, Москва, Мичуринский пр-т, д. 12/1. Тел./факс: (095) 411-50-76.
127254, Москва, ул. Добролюбова, д. 2. Тел. (095) 780-58-34

Книжные магазины издательства «Эксмо»:
Москва, ул. Маршала Бирюзова, 17 (рядом с м. «Октябрьское Поле»). Тел. 194-97-86.
Москва, Пролетарский пр-т, 20 (м. «Кантемировская»). Тел. 325-47-29.
Москва, Комсомольский пр-т, 28 (в здании МДМ, м. «Фрунзенская»). Тел. 782-88-26.
Москва, ул. Сходненская, д. 52 (м. «Сходненская»). Тел. 492-97-85.
Москва, ул. Митинская, д. 48 (м. «Тушинская»). Тел. 751-70-54.
Москва, Волгоградский пр-т, 78 (м. «Кузьминки»). Тел. 177-22-11.

ООО Дистрибьюторский центр «ЭКСМО-УКРАИНА». Киев, ул. Луговая, д. 9.
Тел. (044) 531-42-54, факс 419-97-49; e-mail: marinovich.yk@eksmo.com.ua

**Северо-Западная компания представляет весь ассортимент книг
издательства «Эксмо».** Санкт-Петербург, пр-т Обуховской Обороны, д. 84Е.
Тел. отдела реализации (812) 265-44-80/81/82/83.

Сеть книжных магазинов «БУКВОЕД». Крупнейшие магазины сети
«Книжный супермаркет» на Загородном, д. 35. Тел. (812) 312-67-34
и Магазин на Невском, д. 13. Тел. (812) 310-22-44.

Сеть магазинов «Книжный клуб «СНАРК» представляет самый широкий ассортимент книг
издательства «Эксмо». Информация о магазинах и книгах в Санкт-Петербурге по тел. 050.

Всегда в ассортименте новинки издательства «Эксмо»:
ТД «Библио-Глобус», ТД «Москва», ТД «Молодая гвардия»,
«Московский дом книги», «Дом книги в Медведково», «Дом книги на Соколе».

Подписано в печать с готовых монтажей 15.03.2004.
Формат 84х108 1/32. Гарнитура «Таймс». Печать офсетная.
Бум. тип. Усл. печ. л. 16,9. Доп. тираж 3 000 экз. Зак. № 8394.

Отпечатано в полном соответствии с качеством
предоставленных диапозитивов в Тульской типографии.
300600, г. Тула, пр. Ленина,109 .